1日1分
植森式PPC
メソッド

下半身
だけ
即やせる

健康運動指導士
植森美緒

宝島社

まえがき

私の昔の太もものサイズは、いまのウエストサイズだった

この本は、下半身だけやせるためのノウハウをまとめた本です。

「やせたいと思って、食事に気をつけても、運動をしても成果なし。いったいどうしたらいいのでしょうか？」

私のもとには、そんなご相談がたくさん寄せられます。

実は、私がトレーナーを目指したのも、体形のコンプレックスをなんとかしたかったから。胸は「まな板」とバカにされるほどのささやかさなのに、おなかから下半身は、かなりぽっちゃりでバランスが悪く、「下半身デブ」そのものでした。

昔の私の太ももは、ほぼいまのウエストサイズもあった。

そんな話をするとかなり驚かれますが、本当です。

本書には、私の30年近い指導者人生の中で追求してきた下半身やせメソッドをまとめました。「その場でサイズが落ちる」ことでご好評をいただいているカルチャースクールの下半身やせ講座の内容をベースにしています。

「えっ、その場でサイズが落ちる？　それ怪しすぎでしょ」

最初はそんな風に思われても無理はありません。けれど、少し読み進めていただければ、私のお伝えしていることが怪しい話ではないとわかっていただけると思います。

怪しいといえば、昔は「おなかを凹ませることで、おなかをほっそりさせられる」という話をすると、露骨に怪しい人を見るような目で見られましたが、**どんな運動よりも効果の早いおなかやせメソッド**として著書にまとめて出版したところ、テレビや雑誌等にも取り上げていただき大きな反響がありました。

おなかを凹ませる動きのことを「ドローイン」といいますが、今回、紹介する下半身やせの手法は、植森式ダイエットドローインがベースになっています。

なぜ下半身やせに上半身の力が必要なのか、ご自身のカラダで感じていただくために、とりあえずチャレンジしてみてほしいポーズがあります。

メジャーがお手元にある人は、行う前の下腹のサイズ（へそ下５㎝）を測っておいてください。

それでは、まわりや足元の安全を確保してから、上のイラストのポーズを30秒行ってみましょう。

PPCポーズ

→詳しいやり方はP114～

いかがでしたか？

このポーズ、1回か2回行うだけで、とりあえず、ではありますが、**ウエスト、下腹、ヒップ、太もものサイズがその場で落ちます。**

ただし、それは正しくできた場合で、足やカラダがふらついてしまうようだと、残念ながらサイズダウンの即効性は期待できません。

30秒はおろか、片足で立っていられなかった方もおられると思いますが、それはすなわち、あなたのカラダが体幹から衰えていることを意味しています。

でも、どうかがっかりなさらないでください。

実際の下半身やせの講座では、このポーズを部位に分けてカラダの使い方を練習していきます。最初はまったくできなかった人でも、そうやってひとつひとつの動きを分解して行うことで、ふらつかなくなります。これは、筋肉のコントロールがきいてくるからです。

たとえば、おなかを正しく大きく凹ませることができない人はサイズがなかなか落ちないのですが、これは自分の筋肉をコントロールできていないから。自分の思うとおりにカラダを使えないことこそが、体形の崩れを招いているのです。

下半身やせするために、運動らしい運動をがんばる必要はありません。そもそも、現在の体形も、具体的な下半身のお悩みも、人によってかなり違います。

◉下腹だけ出ている
◉下腹の脂肪がとれない
◉お尻がやけに大きい
◉お尻が垂れている
◉お尻と太ももの間に境目がない
◉太ももがたくましい
◉太ももの内側がたるたる

◉ひざの上に脂肪がたまっている
◉足首がなさすぎる
◉下半身全体がとにかく太い

お悩みがこれほどさまざまなのに、ただ漠然と運動するのでは、成果が出なくても無理はないと思いませんか？

そう、下半身を変えるには、具体的な目的にかなった刺激を与えることが肝心。本書でお伝えしていくのは、生活の中で無理なく賢くカラダを鍛える方法です。

歯磨きを根性でしている人はいないように、**がんばらない小さな習慣であなたのカラダは変わります。**

実際にやってみるとおわかりいただけると思いますが、カラダを思うように使えるようになると、一生を自分の足で自立して生活できるという自信につながります。

長年の下半身の悩みから解放されるだけでなく、これからの人生をしなやかに元気に生きるすべを、ぜひとも手に入れていただければと思います。

第1章　みんな下半身やせで苦労している

第2章

誰も教えてくれなかった下半身やせ本当の話

第3章

カラダの使い方を知れば下半身はやせる

第4章

即効でサイズが落ちるポーズ「PPC」とは？

第5章

あなたの下半身を変えるための1週間

装丁&本文デザイン 鈴木大輔・江﨑輝海（ソウルデザイン）

DTP G-clef

本文イラスト 小林弥生

撮影 西尾豊司（STUDIO RONDINO）

スタイリング 古賀麻衣子

ヘアメイク 山崎由里子

衣装協力 ヌオーヴォ 03-3476-5629

編集 中村直子・今野晃子・橋本あづさ

第1章

みんな下半身やせで苦労している

食事に気をつけても下半身はやせない

あなたは全体的に太っていますか?

「うーん、けっこう太っているかな」ということであれば、食生活を見直すのは大いにありと思います。**やせるだけなら運動するより食事に気をつけるほうが、ずっと手っ取り早い**からです。


どのくらい手っ取り早いかというと、たった100キロカロリーでも、歩いて消費しようとすると20~30分もかかります。

しかし、たとえばカフェオレをブレンドコーヒーなどの無糖の飲み物にするだけで、100キロカロリー減です。ちなみに、脂肪1キロを燃やすには、毎日30分せっせと歩いても、約2カ月かかります。運動して消費するよりは、カロリーをとらないほうが手っ取り早いのですね。

ただ、食事でのダイエットですべて解決とはいきません。

知っておかないと後悔しかねないことが、いくつかあります。

それは、**食事制限では、やせる部位は選べない**ということ。

やせていくうちに顔がやつれたり、胸元が貧相になったりと、やせたくないところがやせ、肝心の下腹や太ももなど、やせたいと思っているところがやせないからです。

「そうそう、そうなのよ！」という人も多いのではないでしょうか。


考えてみてください。

あなたがあまり太ってはいないとしたら、食事でダイエットして3キロやせるのは、けっこう大変なことだと思いませんか？

それで下半身が細くなれば報われるとしましょう。しかし実際には、食事で3キロくらい減ったとしても、下半身は「なぜ？」と誰かにやつあたりしたくなるくらい変わり映えしません。それどころか、胸やお尻が垂れてしまうことも多々あります。「下半身だけやせたい」という人にとっては、食事でのダイエットは効率が悪いだけでなく、リスキーなのです。

リスキーといえば、**思春期に無理なダイエットをすると、脂肪でできている脳はしぼんでやせてしまう**のだそうです。

脳の成長を妨げてしまうようなやり方をすると、それこそ人生に影響してしまいかねません。これはかなり恐ろしいことです。

私がそうでしたように（汗）、思春期のお子さんは親の言うことなんて聞こうとしないかもしれませんが、下半身太りに悩む娘さんには、「頭が悪くなったらダイエットもうまくいかないわよ」と、ぜひ本書を読むようにおすすめください。

超スリムなのに下腹だけ出ているモデルさんの謎

モデルさんといえば、長い手足と小さな頭。女性なら誰しもがうらやむようなスタイルです。

ところが、下腹ぽっこりに困っているモデルさんも少なくないのです。

あるセレブ系雑誌の専属モデルさんは、とくに印象に残っています。雑誌の「おなかやせ」の企画だったのですが、初めてお会いしたとき開口一番におっしゃいました。

「先生、私、脱ぐとすごいんです！」

昔、流行ったCMのセリフに爆笑しながら、脱いでいただいたら、なるほど彼女の嘆く意味がよくわかりました。

洋服を着た姿で「おなかが……」などと言ったら、同性から蹴りを入れられかねませんが、そのモデルさんの下腹は、たしかにぽっこりしていたからです。

ただ、正確に言うと、普通の人の下腹ぽっこりとはレベルが違います。標準体型の人に彼女のおなかをつけかえたら大喜びするだろう下腹は、脂肪がさほどたくさんついているわけではないのです。下腹のちょっとの脂肪とちょっとの出っ張りが、他が細すぎるせいで、相対的にやたら目立つのでした。

聞けば、美容と健康のためにフルマラソンに出るのを趣味にしていて、週に3回、1回に10キロ走っている。もちろん、仕事柄、食事にはかなり気をつかっている。それでも下腹がやせないので、腹筋運動をパーソナルトレーナーにも指導してもらって筋トレも行っている、とのことでした。

「ここまでやってもやせない下腹って、もう病気なんじゃないかと思ったりして……」

病気かもというのは、半分は冗談としても、なんだかネガティブな気持ちになるのもわかります。

普通の人は「モデルさんがそこまでしてもやせないのなら、私がやせないのも当たり前だわ」と、妙に納得してしまうかもしれません。

さて、それでどうしたかというと、下腹の凹ませ方を指導。モデルさんですが、基本の姿勢から見直しました。そして、ランニングを行う際には、早く走ることより、下腹を凹ませることを徹底的に意識して走ることをアドバイスしたのです。

すると、どうでしょう。２週間で、ウエストが７cmダウン、肝心の下腹も６cmダウン！　もともとのサイズがサイズですから、ご本人も本当にビックリの成果でした。

あんなにいろいろとがんばっていたのにどうにもならなかったのは、食事に気をつけることも、マラソンも、下腹の筋トレも、下腹をぺったんこにするには、どれもあまり役に立っていなかったからなのでした。

時間や気力、労力をかけなくても、目的を絞り込んで行えば、ラクに結果を出すことができるのです。

腹筋しても下腹は凹まない

おなかを気にしているのは、女優さんやモデルさんも同じです。メディアに登場する人たちは、いわゆる「おなか出し」がOKか、NGか、情報として事務所に登録されているといいます。

誰もが知っている有名雑誌のハーフのモデルさんは、「普段はNGなんだけれども、今回はまじでおなかが細くなるって聞いて、今回だけおなか出しすることにしました！」そう勢い込んで言いました。

ハーフなので太りやすいのが悩みという彼女のおなかを見せていただくと、たしかにモデルさんにしては脂肪が多めで、くびれているというよりも、逆に寸胴《ずんどう》に近いおなか。トレーナーとして修業中の私のおなかもそうだったので、筋トレに励んでいるおなかであることがすぐにわかりました。案の定、おなかのトレーニングには一番時間をかけているといいます。

くびれがないのは、腹筋運動のやりすぎ。ともかく、腹筋はすべてやめて、おなかを凹ませるエクササイズに切り替えるほうがよい、という話をしました。

人は、いま自分ががんばっていることをやめろと言われると、あまりいい気持ちがしないのでしょう。最初は「そうなんですか……」と納得のいかない表情でしたが、着替えをした私のおなかを見たら、目の色が変わってやる気になってくれました。

さて、ここでいま本書を読まれているあなたに、なぜ腹筋運動を私が止めるのか納得していただくために、ひとつ行ってみていただきたいエクササイズがあります。

昔から、下腹を鍛えるためによく行われる「レッグレイズ」というエクササイズがあります。あおむけに寝て、両足を上げ下げするものです。ピンとこない人は、足を筆のように動かして空中に文字を書くあれを思い出してください。

では、実際にちょっとだけ試してみましょう（腰の弱い人は、ここは読むだけで！）。

あおむけに寝て頭と背中を床につけたら両足を上げ、まずは床と直角に伸ばします。

そうしたら、両手を下腹にあてます。これで準備はＯＫ。

エクササイズの行い方ですが、ゆっくりと足を下げていき、床すれすれまでおろしたら、今度はまたもとの位置まで足を上げていきます。足を持ち上げてくるのがつらい人は、そのまま足をおろしてしまってもよいです。

確認してほしいのは、足を上げ下げしているときに、下腹がどのような状態になっているのか。あてている手で、おなかの膨らみ加減をしっかり確認してください。

では、本書を横に置いて行ってみましょう。

エクササイズを行っている最中のおなかはどうでしたか？

そう、めいっぱい力が入って、固く膨らんでいましたよね。

このエクササイズを繰り返すことによって、普段のおなかがエクササイズしているときのおなかに近づいていくと思ってください。

実は、19ページでお話しした下腹ぽっこりに悩むアスリート系モデルさんも、この腹筋運動で下腹を本格的に鍛えていたのです。このような下腹のエクササイズをせっせとがんばると、たしかに下腹の筋肉は強化されますが、強化される＝ペタンコになる、ではありません。筋肉が太くなり、形としては、手でさわってもらったように、むしろ出っ張ってしまいます。

下腹を鍛えると細くなる、というのは大間違い。

筋肉というのは、ただ鍛えればいいというものではないのです。

2万歩のウォーキングでも下半身はやせない

近年、だいぶ減ったのですが、「歩いているのにやせない」という相談は10年以上前はかなり多かったものでした。

いまでも、メタボへの注意喚起を呼びかけているように、「生活習慣病の予防に1

日1万歩、歩きましょう」と盛んに言われていたからです。当時は、新聞などでも「1万歩」の根拠などが頻繁に解説されました。

たしかに、歩数というのは運動不足かどうかの指標にはなりますが、歩数が多ければよい、たくさん運動すればいいかというと、そうではないのです。


私は、スポーツクラブのトレーナー見習い時代、やせたい一心でがんばって運動したせいで、腰をひどく痛めてしまった経験があります。

また、整形外科で運動指導の仕事をするようになりましたが、歩きすぎて、股関節や腰、ひざを痛めてしまったという人がめずらしくはありませんでした。「運動をきっかけに調子を悪くしてしまった」、そんな人が、あなたのお友達の中にもひとりくらいはいらっしゃるのではないでしょうか。

健康によかれと思って行った運動のせいでカラダを痛めるのは、とてもせつないことです。

カラダを痛めないためにはどうしたらいいのかは、第3章で解説したいと思います。

さて、下半身やせの話に戻りましょう。

「歩く＝ダイエットできる」、そんなイメージがありますが、のんびりとしたペースですと、期待できる健康効果は、しいて挙げるなら気分転換やストレス解消くらいであるとご存じでしょうか。

「2万歩も歩いているのに、ちっともやせないんです」

たしかに歩数が多くなれば時間的にもたくさん歩いていることにはなりますが、裏を返せば、ラクに歩いているからたくさん歩けるのですね。

つまり、カラダを変えるような刺激はなく、運動らしい効果は期待できないのです。ポメラニアンの散歩では、ポメラニアンにメリットはあっても、残念ながら、ご本人にはあまりありません。

では、どのように歩けばよいか。

目的によって効果的な歩き方は違ってきます。ですから、あなたがなぜ歩こうと思うのか、**「目的にかなった歩き方」を意識した歩き方をすることが肝心**です。

たとえば、血圧が高めで心肺機能を改善したければ、心臓が少しドキドキと速くなるくらいのスピードで歩く。おなかの脂肪を落としたいのであれば、おなかを凹ませて歩く。足腰を強くしたいのであれば、ゆっくりと大股に歩く、という具合です。

下半身やせしたい場合、具体的にどのように下半身やせしたいかによって、効果的な歩き方も違ってくるので、本書では、後半に目的別の歩き方についても解説していきます。

ちなみに、普通に歩くのだと体重が何キロか減ったくらいでは、気になるところの脂肪はなかなかしぶとくて落ちてくれません。ようするに、漠然とたくさん歩いても、下半身はやせない。だからこそ、普段の歩き方をどのように変えればよいのか、**歩く目的を意識することが大切**なのです。

歩くという動作は、日常生活の中ではごくごく当たり前の動作。でも、ポイントを押さえた歩き方を意識するだけで、スタイルをよくすることも、部分的な脂肪を狙って落とすことも可能になります。

話は少しそれますが、私は最近、あることに気づきました。

それは、姿勢や歩き方のように**「人は当たり前のように行っていることほど、いかに自分の人生を左右しているかに気がつきにくい」**ということです。

たとえば、「話す」ということ。とりたてて目的がないように思えるときでも、「ストレス解消」「説得」など、実は人が話をするときには必ず目的があるものなのです。

ストレス解消のために話を聞いてほしいだけなら、「これ、愚痴なんだけど、聞いてもらっていい？」といった話し方をできるかどうか。

もし、ただ聞いてほしいから話をするのではなく、アドバイスがほしいなら、最初にそう伝えるほうが相手にとっても親切です。

腹が立った場合にしても、相手に怒りをぶつけて気がすむならいいとして、相手になんらかの行動をしてもらわないと困るなら、怒るのは得策ではないですよね。

「いま、私は何のために話をしている？」と、目的を自分に問いかけることができれば、おのずと話し方も変わってくるでしょう。

私が思うに、仕事ができる人、家庭がうまくいっている人というのは、意識してなのか無意識なのかはわかりませんが、目的を見失わない話し方をしているような気がします。私は最近、母と同居を始めたのですが、同じことを言うにしても「話し方」がとてもとても大事であるということを、痛感するようになりました。

「歩き方」も「話し方」も、当たり前のことだけれど、人生を豊かにも、逆に台無しにもする。だから、その大切さをお伝えできたらと思います。

スクワットをしても太ももは細くならない

スクワットは足腰が強くなるという意味で、とても優れたトレーニング方法です。

けれど、これを「足やせ」という目的でがんばるのは、まったくおすすめしません。

なぜかというと、**スクワットは本来、足を太く鍛えるのに適したトレーニング方法**だからです。


実は私も、過去にスクワットでは悲しい思いをしました。

トレーナーとして修業時代に、スポーツジムの女性トレーナーに足を細くしたいと相談したところ、スクワットをすすめられたのです。

それで、スクワットの本格的なマシーンを使い、それこそ、歯をくいしばってがんばったのです。

ところが、きついトレーニングをしているにもかかわらず、足は一向に細くなりません。それどころか、足が前よりもパンと張っているというか、太くなってきたような気がしました。実際に太くなっていたのですが、認めるのが怖いというか、なんというか、気のせいくらいに思いたかったのだと思います。

「こんなにスクワットをがんばっているのに、私の足はなぜ細くならないんだろう」

とにかく、不思議でたまりませんでした。

結局、1年以上経ってから、私はスクワットをがんばることをやめるのですが、いざやめるときになって思い出したことがあります。

足やせを相談した女性トレーナーも、「私も足細くしたいのよねー」とつぶやくように話していたのです。

「人は、話を聞いているようで、聞きたくないことは聞いていないもの」といいますが、まさにそのとおり。やめる気になって記憶の扉が開くというのは、潜在的には覚えていたということなのかもしれません。

一般の人からすると、スポーツクラブのトレーナーは専門家なので、頼りにするのは当然です。ですが、トレーナーはトレーニングの専門家であって、必ずしもダイエットについて精通しているとはかぎりません。また、トレーニングの常識そのものが間違っていることもあるのです。

筋肉をつけてもやせないという現実

ダイエットに関心のある方なら、「筋肉をつけると代謝が上がる→やせられる」という話を、テレビや雑誌などで聞いたことがあるかもしれません。

これは昔から、そしていまも、常識のように言われていることですが、私は真に受けないほうがよいと考えています。

筋肉をつければやせると教えられて、私はボディビルのジムに通っていましたが、1年経っても、ちっともやせませんでした。それどころか、脂肪の下に筋肉がついたせいで、カラダはムチムチとたくましくなっていきました。

当時は、トレーナーとして修業中でしたので、まさか報われることのない努力であるとは思わなかったのですが、指導する側になってたくさんの人から相談を受けるようになり、確信するようになりました。

理論的には「筋肉をつければ脂肪が落ちる」はずなのですが、実際には、脂肪は落ちないのです。ようするに、理論はともかく、**「筋肉をつけることと、脂肪を落とすことは別のこと」**なのだと思います。ちなみに、知り合いのボディビルダーは、年間を通してムキムキの筋肉がついていますが、コンテスト前になると食事制限をして脂肪をそぎ落とします。

最近はやりのパーソナルトレーニングのジムでは、運動と食事指導がセットになっていますが、それは運動だけで脂肪を落とすのはなかなか難しいからです。食事面の指導で脂肪を落とし、短期間に脂肪を落とすと体がたるむので、たるませないためにきつめの筋トレで筋肉をつけるという手法です。

誤解のないようにまとめておきますと、筋トレが無意味という話ではまったくありません。筋トレも、目的によって効果的な行い方があるのです。

美容的な話に限定すれば、若いころならまだしも、大人になればなるほど、筋肉を鍛えずしてカラダのラインをきれいにすることはできません。

いかにも鍛えているという感じの筋肉をつけたい人はきつめの筋トレを行う必要があるのですが、別に筋肉をつけることが目的でないなら、きつい思いはする必要はないのです。

苦労や根性では下半身やせできない

これまでお話ししてきたように、多くの人が下半身やせで苦労してしまっている大きな理由は、以下です。

◉食事に気をつけても、よほど大幅に減量しないと下半身はやせない
◉若いころならともかく、大幅にやせたらカラダがたるむ
◉筋トレをがんばっても細くはならない

けれど、そもそもは、あなたに落ち度があったわけではなく、目的に対して適切な解決方法の提案がなされていなかったのですから、しかたありません。

これはあなたにあてはまるかどうかはわかりませんが、若いころの私はなぜか、

「がんばれば報われるはず」

「がんばればやせられる」

そんな風に思い込んでいた節があります。

でも、そもそも、がんばるがんばらない以前に、**目的に対して効果的な努力ができていなければ、結果が出ないのは当然**です。


この本には、私の30年近い指導人生の中で追求してきた下半身やせメソッドを、多種多様なお悩みにお応えできるようにまとめました。本書を手にしていただいたあなたには、ラクに効率よく下半身やせしていただきたいと思います。

そのためにまずは、下半身やせを「やせる」「ダイエット」というざっくりしたくくりで考えるのではなく、**ご自身のカラダをどう変えたいのかを具体的に考えていきましょう**。まずは、ここがとてもとても大事な一歩になります。

第2章

誰も教えてくれなかった下半身やせ本当の話

ボディラインが崩れて脂肪がつくのはどんな部位？

私は、高校生のとき、「やせるバンテージ」なるものを通販で購入。家族の留守中にミイラさながらの状態で巻いていたところを想定外に家族が帰宅し、慌てふためいてベッドにもぐり込んで寝たふりをしたことがあります。脂肪を溶かすという海藻ジェル配合のバンテージは文字どおり海藻色をしていて、顔に巻いていなかったのが不幸中の幸いでした。

ちなみに、そのバンテージを巻いた後は、なんだか足がほっそりしたような気がして、その後も何回か下半身ミイラにチャレンジしたものの、私の下半身が細くなることはありませんでした。

体重は人に見せるわけじゃないから、とりあえずは見た目。おなかだけ、下半身だけ、部分的でいいからほっそりさせたい。

ささやかな願いなのに、この「部分太り」というのがやっかいです。

第1章でお伝えしたように、運動のプロ、指導者でさえ悩まされている下半身太り。

ダイエットによいとされる運動を片っ端から行ってもどうにもならないなんて、もう年だから代謝が落ちていてしかたないのでしょうか。

いいえ、もちろん、そんなことはありません。


そもそも、なぜ部分的に太るのか。実は、ここに解決の糸口があります。

ボディラインが崩れて脂肪がつくのは、どんな部位だと思いますか？


それは「筋肉を使っていない、使えていない部位」なのです。


わかりやすいところで、二の腕で考えてみましょう。

二の腕は、力こぶのできる上側より下側に脂肪が圧倒的に多くついていますよね。

腕の上側のほうが下側に比べて脂肪がたんまりついているという人は、世界中探しても、見つからないでしょう。

それは、なぜかというと、二の腕の筋肉がどのように使われるかに秘密があります。

腕の上側の筋肉というのは、腕を曲げるときに使う筋肉。

そして、腕の下側の筋肉は腕を伸ばすときに使う筋肉なのです。

日常生活を考えてみましょう。ものを持つときなど、腕を曲げるという動作はよく行っています。それに対して、腕を伸ばす、という動作はどうでしょうか。

何かを押したり、たたいたりするときに腕を伸ばしますが、日常生活の中でそういう動作はなかなか思いつかないくらい。つまり、腕の上側の筋肉はよく使っているけれど、下側の筋肉はほとんど使っていないのです。

使っていない筋肉は衰えるだけでなく、コントロールがききにくくなります。

二の腕の上側に力を入れて力こぶをつくることはできても、腕の下側に力を入れる

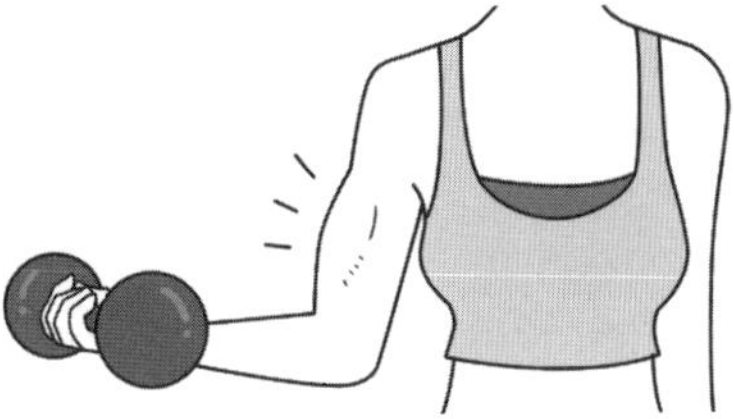

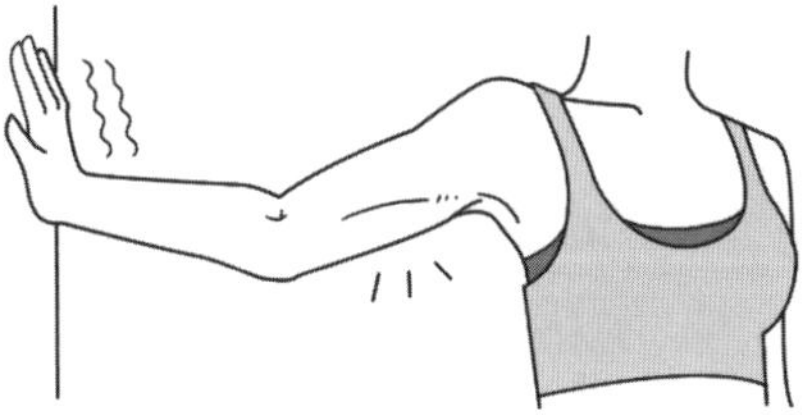

ことができる人は、トレーニングマニアでもないかぎり、なかなかいません。
私の考える部分太りの流れはこうです。

使っていないせいで筋肉が衰える
←
筋肉がたるむ
←
筋肉のコントロールもきかなくなり、さらに使えなくなる
←
脂肪がたまる

もともと私は、胸はまったく大きくないのに、おなかから下半身がぽっちゃりしていたのが、ずっとコンプレックスでした。胸はAカップより大きくなったことはなく、これ以上小さくなったら悲しいから、なんとかおなかから下だけやせたいと思っていました。それで一念発起して、OLをやめてスポーツトレーナーを目指したのです。

約30年前、新米トレーナーとして多くの人を指導するようになり、正直なところ、私は驚きました。よく観察すると、お尻ひとつとっても、お尻が大きいけれど形のよい人、大きくて垂れている人、なんだか四角いお尻の人、やせているのにお尻だけ大きい人、扁平な人、などなど、体形があまりにも千差万別とわかったからです。

もちろん遺伝もあるとしても、体形の特徴はご本人の生活にこそ深い関係があり、努力の方向性を間違えなければつくり替えることはできるとわかっていったのです。

部分やせの大きなヒントをもらったのは、土木工事をしていた中年男性が着ていたタンクトップを脱いだのを見たときでした。

そのおじさんは、タンクトップを着ているときはシルベスター・スタローンばりの筋肉質ボディなのに、なんとおなかはタプタプの中年体型そのもの。同じ人間のカラダとはとても思えず、失礼にも二度見、三度見、してしまいました。

いまでこそ道路工事は機械を使うのが当たり前ですが、当時はアスファルトをつるはしで割って掘っていたのです、おじさんは、つるはしを一日中ふるうことで、腕から肩を集中的に筋トレしていたようなものだったのでしょう。

人によって脂肪のつき方、体形の崩れ方は多種多様。

それはすなわち、**その人の姿勢や歩き方、仕事の動作など、その人のカラダの使い方が大きく関係**しているのです。

体形によって必要かつ効果的なアプローチは違う

ひと口に「下半身やせ」といっても、超スリムなモデルさんが下腹に悩んでいることもあれば、昔よりも食べる量が増えているわけでもないのにいわゆる洋ナシ体型になってきて困っていたり、O脚が長年のコンプレックスだったりと、下半身のお悩みは人によってさまざまです。

またそもそもの体形が人によって違うだけでなく、理想としている体形も違っています。

だからこそ、ここでご自分の下半身を具体的にどうしたいのかを考えてみてください。それが漠然としていると、どうしたらよいのかの解決の手法も決まりません。

私の友人がおもしろいことを言っていました。

いわく、中年と言われる歳で独身の男性の中で、婚活がうまくいかない人というのは、少し話せばすぐわかるのだそう。

どんな人が希望なのと聞いたときに、「できれば20代の若い子」などと答える人は「あー、こりゃダメだな」と。

「じゃあ、若ければいいの？　お金遣いが荒めで借金があっても許せる？」などと聞くと、「いや、それはちょっと……」。

「じゃあ、経済観念があるけど若くはない人と、経済観念がない若い人なら、どっちがいいと思う？」と聞くと、「うーん……」と即答できなかったりするのだそうです。

なるほど、ここはどうしても譲れない、ということは、いまの自分としっかり向き合わないと見えてこないものなのかもしれません。

お世話になっているメイクさんも、鋭いことを言っていました。

雑誌などの「メイクで華のある美人になる」といった特集は、参考にはなるけど、あてにはならない。なぜかというと、それはもとの顔が違うから。

きれいになるという目的があるとして、漠然と化粧の練習をするよりも、自分の顔のどこをどうしたら、きれいに見えるのか考えないと。もとは可愛い系なのか、キレイ系なのか。目指す方向に近づけるには、眉の形、アイライン、ルージュの色や形、チークの入れ方なのか、ｅｔｃ……。

ちなみに、可愛い系、美人系、どんな方向であっても、ファンデーションの色が合っていなかったり、ベースメイクが下手なのは致命的とのこと。これもなるほど納得です。とどのつまりは、自分の顔をどうなりたい顔に近づけるのかを具体的にして、メイク法を練習すると上達が早いとのことでした。


ちなみに、私はそんな話を聞いて、手っ取り早く厚化粧な感じにならずに目を大きく見せたいときには、マスカラを3回重ねづけするようになりました。

1回目はボリュームを出すタイプ、2回目、3回目は長さを出すマスカラを使うと、自然な感じに仕上がるのです。重ねづけなんてきっと基本のテクニックですが、私はお化粧を少しは上達しようと目覚めたのが40歳すぎ。もともと3分クッキング、いえ、3分でお化粧できる早業を自慢に思っていたくらいでした（笑）。

当然、化粧品のことは詳しくなく、マスカラひとつ選ぶのもよくわかりませんでしたが、最近、なんと「それ、まつげエクステ？」と聞かれることがあり、思わずドヤ顔になってしまいます。成果が出るとやはりうれしいものです。

漠然とではなく、自分に必要なことを明確にして取り組むといい。

考えてみるとこれは、いろいろなことに言えるのだと思いますが、下半身やせはとくにそうです。

時間をかけることなく、効率よく下半身やせするためのノウハウをとにかく具体的に知ってください。本書で紹介していることすべてをやる必要は、まったくありません。あなたに必要なところだけを参考にして、きっちり結果を出していきましょう。

カラダのコントロールでカラダは変わる

カラダの使い方、などというとなんだか小難しい感じがしますが、本来は難しいことではありません。たとえば、「腕をまっすぐに上げましょう」と言われて、まっすぐに上げることができない子どもはめったにいないし、考えることなくできます。

ところが、これが大人になるほど違うのです。

私は、スポーツクラブの社員をやめてからフリーになって、企業や健康保険組合などで指導をするようになったのですが、「腕をまっすぐ上げられない」人をはじめ、

●肩が動かない
●おなかを凹ませることができない
●片足で立てない

こういった人たちがあまりにも多い現実に驚きました。

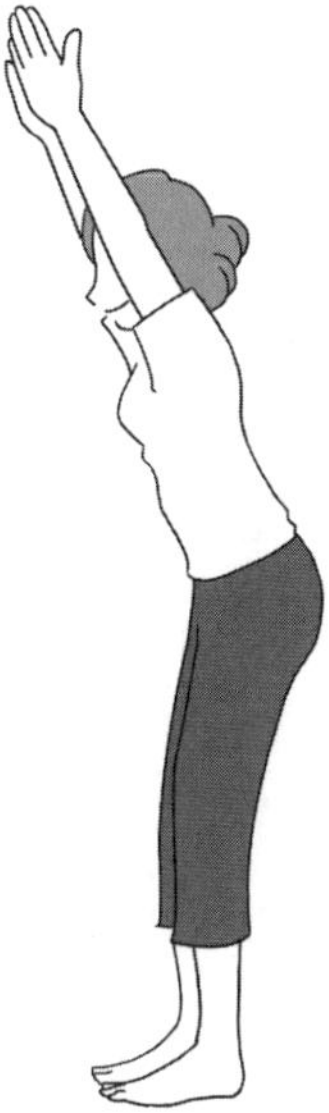

●腕をまっすぐ上げられない
→腕をまっすぐに上げようとすると腰が引けてしまう

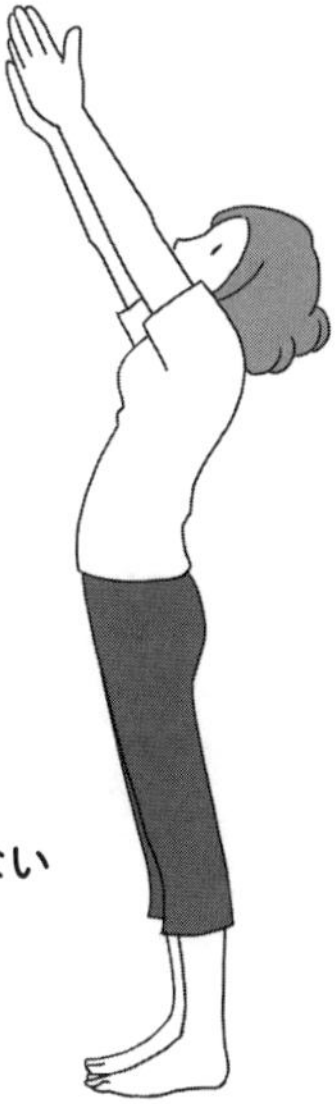

●背すじをまっすぐに伸ばせない
→まっすぐに伸ばそうとすると、あごが出て腰をそらしてしまう

カラダに不自由があるわけではないのに、不自由があるかのようにしか見えないのです。普段から肩が前に出ている猫背気味の人は、一時的に猫背なのではなく、確実に「本物の猫背」に向かっているのだと思いました。

先ほど挙げた動作は、人が生きていくうえでまぎれもなく基礎的な動作です。運動不足だからといって漠然と運動して、すんなりと改善するものではありません。

よく「運動不足にならないために定期的に運動しましょう」と国は啓蒙していますが、私は正直、とても古いというか、問題のあるスローガンだと思います。

現代の日本では、ネットが普及して、昔に比べてカラダを使う必要がなくなっています。肩こりや腰痛が起きるのも、部分的な脂肪が落とせずにいるのも、実は根っこは同じ。**運動以前にカラダを使えなくなっていることに端を発しているの**です。

体形を崩している原因も、「運動不足」ではありません。

多くの人に必要なのは、「運動らしい運動」というより、**「日常生活を元気に生活**

するのに十分な筋肉のコントロール力を取り戻す」ことなのです。

若々しいカラダのベースとなる姿勢、力強く歩く脚力、生活の中で不自由なくカラダを使うことが本来、運動の原点。自分のカラダをきちんと使えるようになることこそが、下半身やせへの最短距離なのです。

この後、具体的に解説していきますが、**手ごわい下半身やせに必要不可欠になるのが「しめる力」**です。これから、「しめる力」をベースに、効率よく下半身やせするためのメソッドを紹介いたします。


実は、本書は、分類からするといわゆるダイエット本ですが、**単なる下半身ダイエットの本ではありません。**下半身の衰えの原因に目を向け、年とともにできなくなりつつある「カラダの使い方」ができるようになるという目的があります。

下半身やせするだけでなく、「若々しいカラダ」を取り戻し、一生を自分の足で自立して生活する自信をつけていただければと思います。

人気のあの方法で下半身やせが難しいワケ

これまで思うように下半身やせできてはいないけれど、成果がまったくないわけでもないような……という人、また、多少は効果があったけれど、結局、続けられなかった、という方もいらっしゃるでしょう。

いま行っている運動をやめたいけれどやめたら太ってしまわないか、やっぱりやるに越したことはないのか、といった不安を感じることのないように、下半身やせの成果を左右するのはなんなのかを解説しておきます。

下半身やせにつながるアプローチは、３つあると思ってください。

①ボディラインを変える

②脂肪を落とす

③むくみをとる

この3つだけです（※脂肪吸引などの荒業は除きます）。

これまであなたが取り組んだ方法で、下半身やせの効果を感じることができたかどうか。それは、この3つについて効果があったかどうかなのです。

まず、ボディラインを変えるには「筋肉」を鍛えるしかありません。食事制限でダイエットしてどんなにやせても、筋肉はやせるばかり。やせたら、垂れていたお尻がいきなりヒップアップしたりすることはないように、ボディラインを変えられるのは筋肉の力です。

ただし、筋肉はただ鍛えればよいというものではなく、鍛え方が肝心。その人の目標に対して鍛え方が適切でなければ、どんなにがんばっても思ったような成果は出ません。筋トレをがんばったけれどダメだったという人は、あなたの目的に合った筋トレができていなかった、ということでしょう。

ここではダイエット目的で取り組む人が多い運動等について、「下半身やせ」効果は期待できるのか、考えてみます。

▼ヨガ

ヨガを下半身やせ目的で行うとするとどうでしょう?

ヨガは、ポーズをとる際に筋肉を使うので、筋肉を鍛える筋トレ効果が少し。カラダにハリが出ます。筋肉も伸ばすので、むくみをとる効果も少しあります。ただ、**ヨガはそもそも体形を変えることが目的ではない**ので、下半身やせ目的で行っても、「うーん……」ということになってしまいやすいと思います。

ちなみに、ヨガを続けている方には細身の人が多いですが、それはヨガを行っているからというより、ヨガを続けているのはストイックな人が多いからでしょう。

ヨガは、「心身のコンディションを整える」、そんな効果であれば実感しやすいと思います。ハードな運動と違って、カラダを痛めるリスクも小さいので、年齢を問わずおすすめです。

▼ストレッチ

さて、ストレッチはどうでしょうか。

ストレッチをすると血の巡りがよくなって、代謝が上がってやせる、という理論がありますが、ストレッチのみで脂肪を落とせたら、みんな苦労しません。ここは無理だと思ってください。ボディメイク的な側面から言うと、まったく何もしないよりは「たるみ」の改善には多少は効果が期待できるでしょう。

筋肉を伸ばすことでむくみをとる効果も少しあります。むくみがとれると、けっこう足のラインはすっきりします。エステなどで施術の前後でサイズが変わったりするのも、むくみがとれるからなのです。

ですから、下半身やせ的にまったく意味がないわけではないけれど、むくみはしょせん水分です。**脂肪が減っているわけではないので、ストレッチに大きな成果**

は期待しないのが正解だと思います。

私の知り合いに、「タコですか?」というレベルにカラダが柔らかいジャズダンスインストラクターがいますが、体型はけっこうなぽっちゃりさん。カラダが柔らかいけれど太っている人はいくらでもいるし、逆にカラダが硬くて細い人もいくらでもいます。

このような話を聞いて、「じゃ、ストレッチはしなくていいかな」と思う人もいるかもしれませんが、それはちょっと早合点さんです。

ストレッチには、「疲れをとる」という効果があり、こちらでは確実にすぐに効果を実感できるでしょう。

同じ姿勢を続ける、姿勢のクセ、運動不足や筋肉の使いすぎ、など、カラダは疲れると硬くなります。

疲れて硬くなった部位の筋肉は、疲れているからと何もしないよりも、ゆっくりと伸ばしてやることで穏やかに血行がよくなるのです。血行がよくなる＝やせるというのは無理として、疲れがとれるという効果なら、ストレッチは行ったその場で感じられ、とてもおすすめです。

▼骨盤矯正

「ボディラインを左右するのは筋肉」というお話をすると、「骨盤矯正はどうなのでしょうか？」と聞かれることがあります。

姿勢や骨盤周りに問題があるせいで下半身が太い、ということはあると思います。ですが、**人の手で調整してもらってというのは、解決の手法としては根本的な解決にはなりません**。

なぜかというと、そもそも骨を支え、動かしているのは筋肉なので、骨盤のゆがみをつくるのも筋肉なら、改善するのも筋肉なのです。腕のいい整体師さんにお世話になるのは無意味とは思いませんが、整体だけを頼りにしても、やせられないままお金が続かなくなって悲しい思いをする人が少なくないのも現実です。

最近、ニュースを発信する大手のニュースサイトが、あまりにもいい加減な情報を発信し続けていたことが発覚し、問題になりました。

私も「これを見た人が信じてしまったら……」と考えるとストレスがたまるので、見なかったことにしたくなるような情報を時折目にすることがあります。

ネット上の情報は無料ですが、ただより高いものはないということもあります。個人輸入の薬品をはじめ、危ないものに手を出してしまわないように、くれぐれもお気をつけください。

ダイエットについては、お金をかければ解決するというものではないのです。

足の脂肪はおなかの脂肪よりも落ちにくい

実は、下半身やせよりも、おなかやせのほうが簡単です。それはなぜかというと、おなか周りをしめる力というのは、普段ほとんど意識されていません。甘やかしている人ほど適切に刺激することで、成果も早いのです。勉強をまったくしていなかった子が、勉強を始めると効果も顕著でのびしろが大きいのと似ています。

ところが、下半身はどうでしょうか?

おなかに比べると、下半身の筋肉はそれなりに使っています。立っているときも歩くときも、体重を支えるだけで下半身には負荷がかかっているのです。

ということは、さらにもっとしっかりと使って刺激する必要がある、ということになります。

引き続き、子どもの勉強に例えて考えてみましょう。

そこそこは勉強している子がいまの成績よりもさらに成果を出そうとすると、そこそこではなく、さらに勉強しないと成績を伸ばすのは難しいのと似ています。

ただし難しいといっても、できないということではなく、そこからのやり方が肝心。ひたすら時間をかけて勉強すれば結果が出るかというと、微妙でしょう。

「得点アップ」が目的なら、いろいろな教科をまんべんなく時間をかけて勉強するのは、賢い時間の使い方ではありません。それよりも、得意な教科を伸ばすか、苦手な教科の底上げを狙うか。根性で乗り切るには限界があるから、成果に直結するような勉強のしかたができるかどうかが勝負になってくるわけです。


下半身のお悩みがさまざまであるのも、普段のカラダの使い方が結果として体形に反映されている、という話を思い出してください。漠然と歩いたり、エクササイズをしても、成果が出ないのも無理はありませんでした。

下半身のお悩みは、総合的になんとかしようとするのではなく、しっかりと教科、いえ目的を絞る。そして、その目的に対し的確なことを行うことです。下半身やせは、おなかやせより難しいからこそ、目的を絞って適切に刺激しましょう。**努力することは苦労することではない**のです。

「しめる力」をうまく使えるようになることで、必ずカラダは変わります。いたずらに時間や気力、お金を費やすよりも、ずっとずっとラクに結果を出せることを知ってください。

長年のセルライトとさよなら

太ももやお尻のお肉をむんずとつかんでは、その凸凹とした脂肪にため息をついた経験があるかもしれません。

「セルライト」は、なんだか女性の心の片隅に住み着いているような感がありますが、ここでは「セルライト」について少し考えてみたいと思います。

さて、あなたは、「セルライト」という言葉は造語で、これを最初に提唱したのはヨーロッパのエステ業界ということをご存じでしょうか？

「セルライトは運動しても落とせない」という説明を聞いたとき、私は大きな疑問を持ちました。それで、何が原因でセルライトはできるのだろう？と調べたら、女性特有の冷えや血行不良により起こる、とのこと。この説明で、言い方はよくありませんが、「あ、これは眉唾的な話だな」と思いました。

女性特有の冷えや血行不良は、エステの特別なマッサージじゃなくては改善できないなんて、かなり無理やりです。たしかにマッサージは血行をよくしてくれますが、「血行をよくする」ことが目的なのであれば、筋肉を自力で動かすほうが、解決策としては本質的です。

実際に、いまでは科学的な研究で、**セルライトと呼んでいる脂肪細胞と普通の脂肪細胞との間に構造的な違いはない**ことが確認されているそう。セルライトを落とすための専用のクリームとか機械は、まったく必要ないというわけです。

ようするに、「セルライト」という言葉は、食事制限しても運動しても、部分的な脂肪を落とせなくて困っている、そんな女性の心をつかむためにエステ業界が考えた「脂肪の別名」というのが本当のところでしょう。

ちなみに、年齢からいうと私はかなりやせているほうかと思いますが、太ももやお尻をむんずとつかむと、出現します。ぼこぼこっとした脂肪、別名「セルライト」が。

試しにお尻や太もも以外もやってみましたが、強くつまむことでやっぱり出ます。強くつまむとけっこう痛いのですよね。

「〝痛い〟のはセルライトがたまっている証拠」、そんな説明をどこかで聞いたことがありますが、強くつまんだりもんだりすれば、そりゃ痛いっちゅうの、という話でしょう。

セルライトと名づけられようが、ようは脂肪。脂肪であるからには落とせます。そしてお金をかけるだけでは、残念ながら脂肪は落とせません。

お金をかける、といえば、余談なのですが、脂肪を溶かす注射というのが美容整形外科で行われているようです。

これを「ふくらはぎに打ってもらって100万円近くかけたけれど、なんだか代わり映えしない」という相談を受けたことがあります。

薬品を体に入れるリスクがあるというのに、100万円もかけたあげくに？？？と いう成果では、本当にせつなくなってしまいますよね。「お医者さんにやってもらうから安心」という時代ではありません。

関心がある方は、それこそ2ちゃんねるなどネット情報を駆使して、ネガティブな情報も積極的に集めるようになさってください。キレイになることにリスクがあるのはいかがなものかと、個人的には強く思います。

脂肪はゆっくり燃やさないとカラダはたるむ

若いころは短期間でやせてもさほど無残なことにはなりにくいのですが、40歳を過ぎるとアウト。顔に小じわが大発生したりして、「こんなはずでは……」という悲しい思いをすることになってしまいます。

多くの人がやせることばかりにとらわれてしまいやすいのですが、なんとしても避けたいのが「たるみ」です。

食事だけでやせると、脂肪は落ちたとしても筋肉もやせてしまい、カラダがたるむということを経験的にご存じの方も多いでしょう。

気をつけていただきたいのは、この「たるみ」、実は、運動で一気にやせた場合も起こります。運動でやせれば美しくやせられるかというと、これまたそうではないのです。ひたすらせっせとジョギングをしてやせたものの、洋服の下は、まるでご老人のようにしわしわとたるんでしまったりするのです。**短期間にやせる場合、食事で**

も運動でも「たるみリスク」は同じことを知っておいてください。

一日でも早くやせたいと思う気持ちはやまやまとして、急いだばかりにカラダをたるませてしまうと、正直、打つ手がありません。また太るか、あとできることは、かなり過酷な筋トレで筋肉を太くしてやることくらい。これではいくらやせても、新たなイバラの道をひらいてしまうようなもの。とにかく、しぼんでいくカラダに皮膚が追いつかずに生じた「たるみ」は、非常にやっかいなのです。

できるだけ早くやせたいという気持ちで突っ走っても、若いころはセーフでした。でも、いまやったらアウトは、目に見えています。

ここは大人の分別を持って、冷静沈着に、確実にいきましょう。脂肪をゆっくりと落とせば落とすほど、きれいなやせ方ができます。

第3章

カラダの使い方を知れば下半身はやせる

使えてないカラダが下半身太りと老化を招く

使えていないことで筋肉がたるんだり、しまりがなくなったり、そういう部位には結果的に脂肪がたまる、というお話を前章でしました。

ですから、太ももの前が気になるなら太ももの前の筋肉を、裏側が気になるのであれば裏側の筋肉をもっと使えるようになること。それには、太ももの筋肉はどういう動きで使うのかを知ればよいのです。

できる人は本書を読みながら、片足で立ってみてください（ふらつく人は壁などに手をついて軽く支えましょう）。

次に、上半身をわざとだらんと力を抜いた状態で、もう一方の足を上げ、歩き始めるときと同じように伸ばしてみます。上半身がだらんとしていると、足を大きく出そうとしても出しにくいことがわかりますよね。

では、今度は、背すじを伸ばしておなかを凹ませ、上半身をしゃきっとさせてから、同じく足を前に伸ばしてみてください。

●**背中を丸めて歩き出す**
→ぐらついて足を伸ばしにくい

●**背すじを伸ばして、おなかを凹ませる**
→前足がしっかり伸ばせる

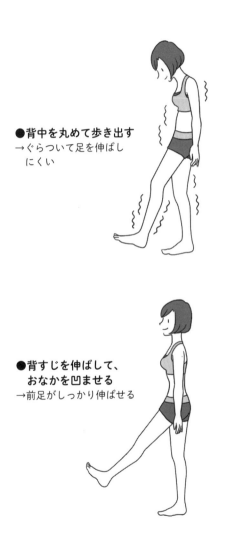

太ももの前の筋肉は、足を前に出すときに使われる筋肉です。どのくらいしっかり使えているかが、太もものラインや脂肪の量に出ます。

そして、どのくらい足をしっかりと使えるかには、上半身がどのくらい安定しているかが大きく影響しているのです。

お年寄りですと、歩幅が小さく足が上がらずにすり足で歩く人がいますが、

上半身が衰える

←

ふらつくから怖い

←

足をすぐにつく

←

歩幅がさらに小さくなる

このような流れで衰えてしまうのです。でも、これは避けられない老化現象ではありません。

年をとっても元気な歩き方ができるかは、お年寄りになる前から歩き方を意識してこれたかどうかです。

年齢にかかわらず若々しく歩けるカラダでいるためには、いまが大事。無意識に歩くのではなく、カラダの使い方を意識して歩くことが大事なのです。

歩くときの前足の出し方、伸ばし方ひとつで、太ももの前側の筋肉の使われ方がまったく違ってきます。

使い方を変えたり、使う量を増やすことが、下半身やせにつながるのです。

ただなんとなく歩くのではなく、ご自分の目的にそった歩き方を知っているかどうかの違いは、これからの人生を左右するほど大きくなるでしょう。

しなやか若見えボディのつくり方

少しマニアックに聞こえるかもしれませんが、同じことをするのでも、目的によって、効果的なやり方は変わってきます。

たとえば、ストレッチ。なんのためにカラダを柔らかくするのかによって、伸ばす部位が違うのはもちろんとして、どのように伸ばすとよいのかが違います。

ひたすら柔軟性を高めるストレッチの場合、長時間、時間をかけて伸ばすのですが、これを試合前のスポーツ選手が準備運動として行ってしまうと、筋肉が伸びすぎてしまってパフォーマンスが落ちてしまうことがわかっています。

サッカー選手がスキップしながらストレッチをするのは、動かしながら伸ばすほうがウォーミングアップとしては適切だからなのです。

ボディラインを美しくするうえで筋肉を鍛えることは必要不可欠ですが、本書では、

これまで筋トレの前提となっていた「太くたくましく」の方向ではなく、「細くしなやかに」という方向で、どのように鍛えたらいいいかを提案してまいります。

細くしなやかなカラダつきを目指す場合、マシーンのウエイトやダンベルのような器具を使う必要はありません。必要に応じて、自分の体重を負荷として利用するだけで十分です。

女性ですと負荷を大きくしても男性のようにそう簡単にはムキムキになったりはしませんが、筋肉のつきやすい体質の女性が一般的な筋トレに励むと、それなりに太さが出ます。現在なんらかの筋トレを行っていて、お心当たりのある方は注意なさってください。

筋トレといっても、私がおすすめする筋トレは、基本的に**「筋肉をつける」のではなく、「筋力をつける」というやり方。**筋肉をつけなくても、いまある筋肉を「しめる」ことで使い、筋肉にハリを取り戻して形状記憶させます。

筋肉をゴムに例えると、ゴムを太くするのではなく、伸びてたるんでしまっているゴムの張力を取り戻す、つまり縮んだゴムにするイメージです。

形を変えるか、脂肪を落とすか

あなたの下半身の悩みを具体的に考えるにあたって、形がきれいになればいいか、形というより脂肪を落としたいのか、それとも両方か、いかがでしょうか？


「えー、どういう意味かよくわからない」という人は、とりあえずあなたの下腹を凹ませてみてください。凹まない人は、手で押してなんとか平らに近づけます。

いまのおなかは出っ張っているとして、平らになれば、けっこういけているおなかになりましたか？　その場合は、出っ張ったおなかを凹んだおなかに形を変えるべく筋肉を強めに刺激するのが基本になります。
「ひぃ、凹んだだけではだめに決まっている、脂肪も落としたい」と思う場合は、脂肪を燃やすように筋肉を刺激していきます。
形を変えたいか、脂肪も落としたいか、によって、筋肉の刺激のしかた、つまり、使い方は変わります。

端的に説明しますと、
形を変える場合は強く、
脂肪を落とす場合は長く、刺激します。

短距離ランナーと長距離ランナーの体型をイメージしてもらうと、わかりやすいと思います。同じ「走る」のでも、かたやムキムキでマッチョ、かたやヒョロッと華奢《きゃしゃ》です。速く走るか、長く走るかで筋肉の使い方が違っていて、結果的にあれだけ体型のありようも変わるのです。

形を変える場合には、できるだけ強く大きな力を出すのが基本で、場合によっては負荷をかけます。けれど、負荷といっても、一般的なウエイトトレーニングのように重さを増やすのではありません。姿勢や筋肉の使い方によって、結果として筋肉にかかる負荷を大きくすることができます。

形をマネするのではなく、ご自分の体をどうしたいのかを意識しながら、「より強く」しめることが肝心です。

脂肪を落とす場合ですが、

「長く」が難しければ、頻繁に行うのでもOK。

時間を長くしたり、回数を多くしたり、こまめに行うようにします。

形も変えたいし、脂肪も落としたいという場合は、できるだけ強く、そしてできるだけ長く、ということになります。

それはつらそう、と構えなくても大丈夫です。**これまでに使っていなかった力を使っていくということは、使っていくうちにおのずと力がついてきます。**

一般的な感覚からすると運動らしくはありませんが、生活の中で賢く「使う」ことが、筋肉にとってはれっきとした「運動」になるのです。

実は私はもともと文化系で、体育の授業は正直、数学の次に嫌いでした。運動が苦手という方でも最小限の努力で最大限の成果が出る、とっておきのテクニックを本書でお伝えします。

おなかをしめるテクニックで下半身やせは加速する

下半身やせになぜ上半身の力が不可欠なのか、実感をしていただきましょう。

左ページをご参考に、片足を後ろについて、後ろ足のつま先で床を押してみてください。

床を押したときに、きゅっと力が入ってお尻が持ち上がったのがわかりましたか？

では今度は、上半身の背すじもおなかも、だらんと力を抜いてください。

そして、同じように後ろ足のつま先で床を押します。

わかりましたか？

上半身の力を抜いたとたんに、足にもお尻にも力が入りにくくなってしまったはず

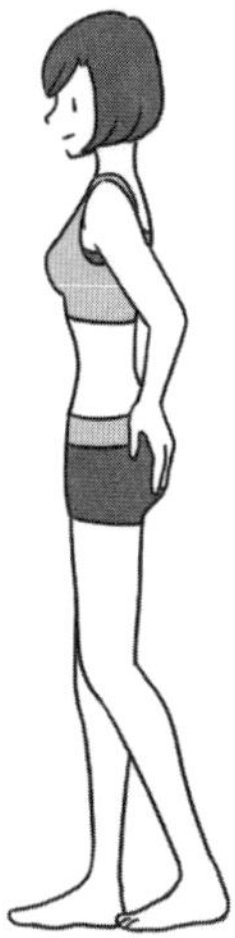

①しっかりと背すじを伸ばし、おなかをぎゅーっと凹ませたら、片足を一歩後ろにつきます。後ろ足の側のお尻を手でさわっておきましょう

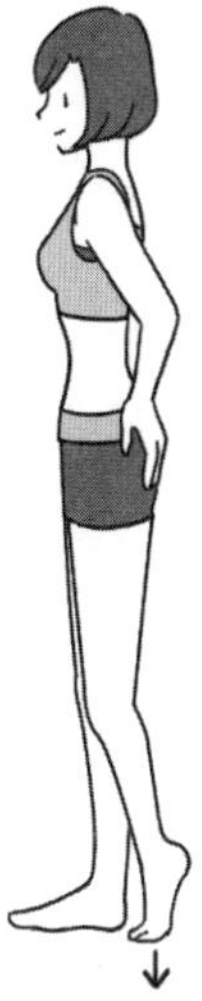

②次に、後ろ足を伸ばしながら、つま先で床をぎゅっと押してみましょう

（左イラスト）。

つまり、お尻が垂れて困っているという人が**お尻の筋肉をしっかりと使って刺激するためには、上半身の力も必要**ということです。

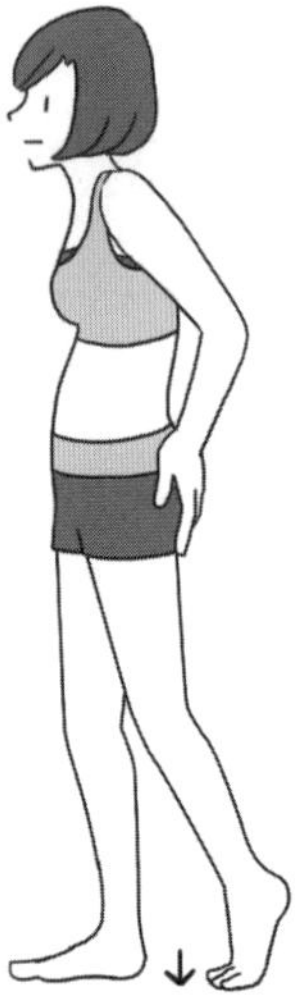

地面を押すときに、上半身が安定してくればくるほど、後ろ足を伸ばしやすく、強い力で押せるようになります。

その結果、さらにお尻を使うことができ、キュッとヒップアップしてくるのです。

植森式ダイエットドローイン　基本の行い方

おなかを凹ませることを「ドローイン」といいます。

ドローインは、腰痛の予防や治療、スポーツ選手の競技力向上のためなど、いろいろな分野で行われていますが、これも目的によって効果的な凹ませ方、おなかのしめ方は違ってきます。植森式ドローインは、**正しい姿勢でおなかを正しく凹ませて「しめる」ことで、どんな運動よりも早く、おなか周りを細くするメソッド**です。

ドローインなんて初めて聞いた、という方もおられると思いますので、ここでは、ダイエット目的のドローインの基本の行い方を紹介しておきましょう。

まず、とくに気をつけてほしいことが2つあります。

おなかを大きく凹ませようとするあまり、肩や肋骨《ろっこつ》を上げたり、背中を丸めないように注意してください。

また、息は止めません。自然な呼吸を続けられるなかで、できるだけ大きく凹ませ

ダイエットドローイン 基本の行い方

①背すじをできるだけ
しっかりと伸ばす

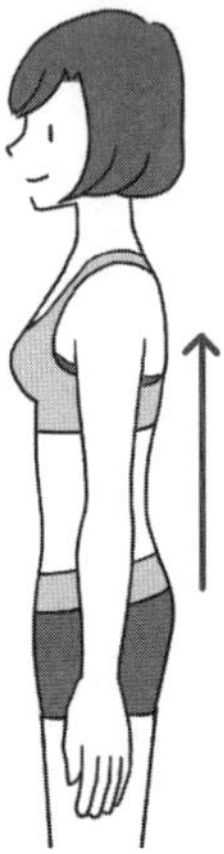

②肩を軽く引く

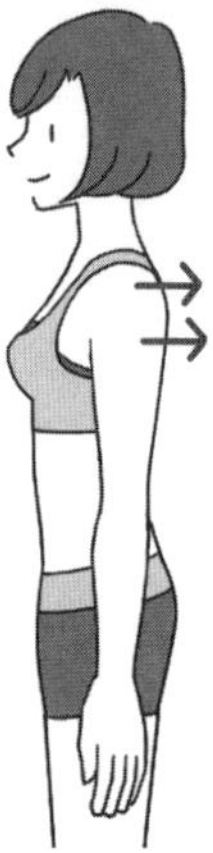

③おなかをできるだけ
大きく凹ませる

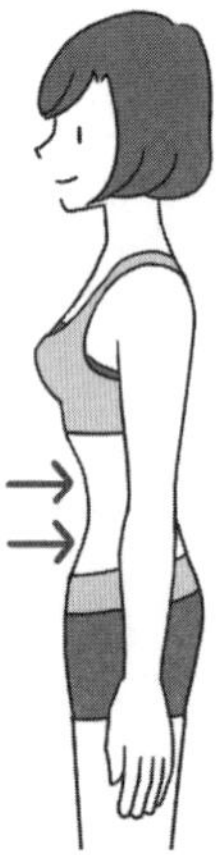

ます。

呼吸の力を借りると、簡単におなかを大きく凹ませることができるのですが、そうすると、おなか周りを細く形状記憶させる効果が格段に低くなってしまいます。**背すじを伸ばして肩を自然に軽く引いた姿勢で、呼吸を意識することなく大きく凹ませる。**これが美しいくびれをつくり、下腹を平らにする筋トレの基礎になります。

ほっそり下半身をつくる姿勢のポイント

基本のダイエットドローインは、いつでもどこでも日常生活の中で行えますので、ぜひ意識的に取り組んでいただきたいのですが、派手な動きではないぶん、できているか、できていないかが、ご自身ではわかりにくいという面があります。

ご自分の弱点はどこなのか、ここではとても簡単なチェック方法を紹介しておきます。ぜひ行ってみてください。

左ページのように壁を背にして立ちます。カラダ全体をできるだけ壁にはりつけにする感じです。

これが、先ほどの基本のダイエットドローインで目指している姿勢のポジションです。

いかがでしょうか？

後頭部、肩の後ろ、お尻、かかと、すべて壁につけることができるでしょうか。つく人も、つかない人も、もっともっと壁にカラダをはりつけるつもりで、おなかをぐーっと凹ませてみましょう。

おなかを凹ませる以前に、この姿勢がつらいと感じる人は、少なくありません。大なり小なり、長年の姿勢のクセがあるからです。

けれど、**その姿勢のクセこそ、あなたの体形を崩している大きな一因。**どこが

基本のダイエットドローイン姿勢

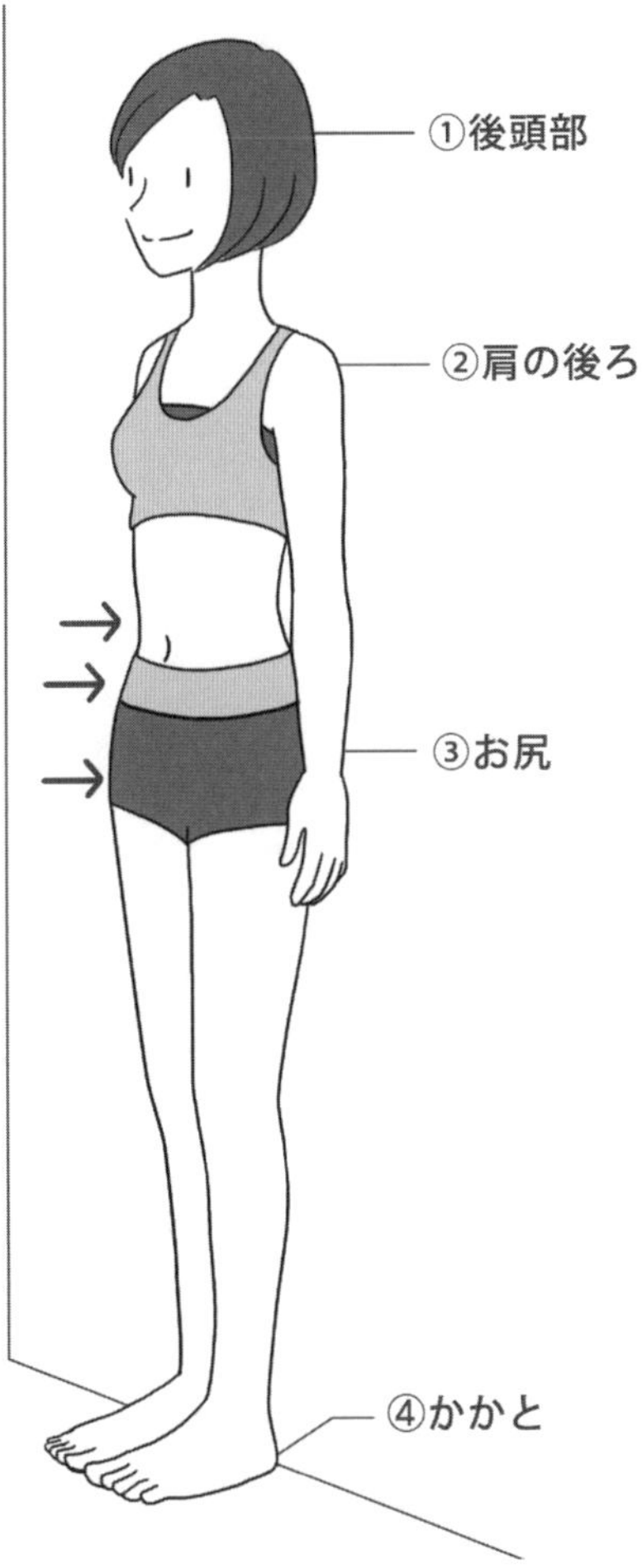

きついと感じるかによって、ご自身の筋肉のどこが衰えているのかがわかります。

たとえば、肩の後ろを壁につけておくのがつらいと感じる人は、普段から前肩傾向で背中の筋力が衰えています。カラダ全体を壁につけることはできるものの、おなかはあまり凹まないという人は、おなかの筋肉が使えなくなっているのです。

おなかを凹ませるなどということは普段行っていないのですから、最初から大きく凹ませられなくても気落ちしないでください。口笛だっていきなり吹くことはできませんが、練習しているのに吹けないままということはありません。行っていくうちに、必ずできるようになっていきます。

姿勢のクセは筋肉の強弱の長年のアンバランスによるもので、一気に直せるというものではありませんが、使っていなかったからできないだけで、使い始めれば変わります。姿勢は焦らず時間をかけて、少しずつ改善していきましょう。

背中が弱いと下腹が出て猫背になる

下腹の悩みがやっかいなのは、下腹が「よくやる腹筋運動ではなく、凹ませる動きで鍛えないと凹まない」ということが、まだあまり知られていないため。さらに、下腹やせをやっかいにしている理由が、もう1つあります。

それは、**下腹やせのカギを握っているのが「背中」**ということです。

まず、背中を丸めた状態で、下腹を大きく凹ませてみましょう。

下腹はそれなりに凹むはずです。まったくびくとも凹まない、という人はほとんどいないと思います。

では今度は、上腹と下腹をさわった状態で、背すじをしっかり伸ばしてみましょう。

これだけで、おなかが動いて使われているのがわかりますよね。

そして、そのまま下腹を凹ませてみてください。

「う、あまり凹まない……」という人が一気に増えたはずです。

さらに次は、背すじは伸ばしたまま、肩を軽く引いてから、もう一度下腹を凹ませてみましょう。

凹ませているつもりだけれど、あまり凹んでいない……という人は多いでしょう。

あなたはどうでしたか?

そもそも背中が丸まった状態は形状記憶させたくない姿勢なのですが、背中がゆるんでいることで、おなか全体はもとより、下腹はもろにゆるみます。下腹はとくに脂肪がたまりやすいのです。

実は、**下腹の悩みは背中から生まれている**といえるのです。下腹がゆるんで使っていないから、使い方もわからなくなってしまう。それが、「下腹を凹ませようとしているのだけれど、凹ませることができない」という状態です。

実際、下腹だけぽっこりの女性で、下腹がピクリとも動かない、ということは、さほどまれなケースではありません。下腹を動かせるようになるまで、あの手この手で、なんと1時間もかかってしまったこともありました。

ということで、下腹が気になっている人が真っ先に見直したいのが、背すじを伸ばす背中の力と肩を引く背中の力。

背すじを伸ばすのを基本として、そこから肩を軽く引くことによって、下腹がさらに引き上がってきます。たるませた下腹より、引き上がった下腹のほうが凹ませにくいのですが、引き上げた下腹をさらに凹ませる動きが負荷となり、下腹の筋力をさらに高めることができる、という算段です。

背すじは、いわばカラダの大黒柱のような存在なので、大黒柱がしっかりしてくると下腹も強い力が出しやすくなります。下腹が骨盤をしめて安定させることで、下半身の筋肉も使いやすくなるのです。

ですから、くどいようですが、下腹のお肉が気になる人は、「おなかよりもむしろ背中を意識する」くらいで正解。

私の友人に「屈指の営業マン」と呼ばれる人がいますが、その友人いわく、「本人を口説き落とせない場合、いくら強引にくどいてもダメで、影のキーパーソンを見つけて味方につけるとうまくいく」のだそう。まさに背中の存在は、下腹にとってカギを握る存在なのです。

ちなみに、第1章で登場した下腹ぽっこりに悩むアスリート系モデルさんは、モデルさんだけあって、すでに背すじはきれいに伸びていたのですが、「肩の位置は悪くはないけれど惜しい」という位置でした。そこからわずか「3〜4センチ後ろに肩を引いた状態にしてから凹ませる」、たったこれだけで、手ごわい下腹をきっちり刺激、みるみるサイズダウンできたのでした。

姿勢に自信がない人はもちろん、「姿勢は、まぁ普通かな」という人も背中の力を見直す価値ありです。ともかくは、**背すじをしっかり伸ばすだけで下腹を引き上げる効果がある**ということは、ぜひ覚えておいてください。

大事なところなので、整理しておきましょう。背中の力を重視することは、

1　**背中の筋力の衰えを防ぐ**
2　**腹筋も使われる**
3　**下腹に負荷をかけることができる**
4　**下腹をしめる力が強くなると、下半身の筋肉もしっかり使える**
5　**見た目にも美しく若々しい姿勢になる**

ということにつながります。

ひざや腰が弱い人はとくに姿勢に注意

若いころに、私がやせたい一心で、ハードな腹筋運動や筋トレ、エアロビクスなど、一生懸命行ったせいで腰をひどく痛めてしまったのも、姿勢に無頓着なまま、いたずらにがんばり、関節に負担をかけてしまったからでした。

ここで、姿勢に無頓着なことによって、ひざに負担がかかることを感じてみましょう。

立っている人は、そのままひざを少し曲げ、背すじを伸ばします。

そうしたら今度は、ひざの角度はそのままで、背中をゆるめて上半身を脱力させて猫背の姿勢になってみてください。

ひざにぐっと重みがかかるのを感じられましたか？

わからなかった人は、背すじを伸ばしたり、ゆるめたりを何回か繰り返すと、ひざにかかる重みが変わるのがわかると思います。

いまは、わざと背すじをゆるめて試したわけですが、**上半身の筋肉の日ごろの使われ方次第で、関節にかかる重みが変わってくる、**ということです。

ただいたずらにたくさん運動するのだと、筋肉が疲れることで、さらに関節に負担をかけてしまう側面があります。

いま、なんらかの運動をしていて、お心当たりのある方は、下半身やせのためにも、カラダの安全のためにも、まずは姿勢から見直していきましょう。「地味なこと＝効果がない」、ではありません。「地味なこと＝効果がある」のです。

お化粧でいうならベースメイクが重要であるように、**体型デザインのベースは姿勢。**姿勢をベースに「しめる力」でカラダの軸を強くし、そして、悩みに対して適切な筋肉の使い方をマスターしていきましょう。

下半身やせする歩き方のポイントは

「たくさん歩いているのに、太ももがまったくと言っていいほど細くならない」と相談を受けることがありますが、本来「歩く」という動作は移動するためであり、足を細くするために行うものではありません。

太ももの筋肉は歩く動作で使うものの、無意識に歩いていると、太ももの筋肉の使われ方はそこそこですんでしまいます。

けれど、ちょっとしたポイントを意識するだけで、筋肉の使われ方は違ってきます。この違いが、まったくバカにならないどころか、体形を変える力を持っています。

CMで、ミランダ・カーさんが黒烏龍茶を飲みながら街を歩いている、というのがありました。記憶にある方は、思い出してみてください。

ただ歩いているだけでさまになっているのは、たんに彼女のスタイルがいいからではないと思います。広告をつくる側の人間が思わず「ただ歩いている」ところをＣＭにしたくなるくらい、彼女の歩き方を「素敵」と思ったからでしょう。

ミランダさんの歩き方がすごいのは、ボディメイクの技をすべて取り入れていながらも、どこまでも自然であるところ。いわゆるモデルさんの歩き方とは違います。ひと目見たときに、これは歩き方次第でスタイルをよくする効果があることをよく知っていて、それを意識して身につけた人の歩き方だと思いました。

同じモデルさんでも、年齢を重ねて体形がかなり崩れてしまう人と、いつまでも美しいスタイルを保っている人の違い、それはすなわちカラダの使い方を知っているかどうかではないでしょうか。

その真偽はともかく、ここでは、目的別に歩き方で意識するポイントをざっくりと解説しておきます。

◉下腹の脂肪を落とす→目線をできるだけ高く保って歩く

下腹の筋肉は、背すじを伸ばして腰の位置をより高く保つことで使います。

◉太ももの前をほっそりさせる→踏み出す前足を意識的に伸ばしながら歩く

足を前に動かすのが太ももの前側の筋肉。前足の伸ばし方ひとつで、太ももの前側をしっかり刺激できます。

◉ヒップアップさせる→後ろ足で地面を押しながら歩く

後ろに動かすのが太もも裏側の筋肉。地面を押すことでヒップもしっかり使えます。

前に振り出した足をいきなりしっかり伸ばそうとすると、なんだかぎこちないロボットのような歩き方になりやすいですが、ここは何事も練習。意識していくことで自然にできるようになっていきます。

まずは、3つとも行おうとせず、ご自分の気になるところから意識してみてください。詳しくは第5章でも解説します。

足の筋トレを何百回、何千回と行うのは非現実的ですが、歩く動作のなかで筋肉がどう使われるかを知っておけば、**歩くことで自分の下半身に必要な筋トレが制限なくできる**のです。きつい思いをするだけが筋トレではありません。

「知っているかいないか」、その先につながるのは、「実践するかしないか」です。

この3つのポイントを踏まえて自然に歩けるようになったころには、下半身が変わるだけでなく、ミランダ・カーさんのように、あなたの歩き方は見違えるくらい若々しくなっていきます。

99%リバウンドしない下半身やせ

ダイエットに取り組む人の多くが、「やせるまでダイエットをがんばればよい」と思い違いをしています。まさに、若いころの私もそうでした。やせた後のことにはまったく想像力が働いておらず、「とにかくスリムになりたい」そんな衝動的な感情で、目新しいダイエットに取り組んでいました。

うまくいかないので自分なりに工夫をするようになったのですが、「りんごダイエットはうまくいかなかったから、お吸い物でおなかをいっぱいにしたらどうだろう？」などと、工夫の方向性がまったくもって的外れでした（汗）。

そうなのです、当時の私は、なんらかのダイエットをしてやせられたとして、その努力を続けないとその成果は維持できない、ということをわかっていなかったのです。

世の中にはそれこそ数えきれないほどのダイエット方法があり、新しい方法が注目されては消え、また次のダイエットのブームがやってきて、ということを繰り返しています。

それはそれで、世の中の活性化には一役買っているかもしれませんが、そんなことは個人レベルで考えたら、どうでもよいことでしょう。

本書を読んでくださっている方に、ぜひ知っていただきたいのは、ダイエット方法はたんに効果があるだけではうまくいかない、ということです。

効果がないことに取り組んでいれば結果は出ないのは当たり前として、**いくら効果があることであっても、続けられなければ、そのダイエットでは一時的にしかやせていられない**、ということになります。

ありきたりですが、よく「結婚はゴールじゃないスタートだ」と言うのと似ているように思います。

がんばって努力して理想の人と結婚しても、結婚までの間に無理をしすぎてしまうと、疲れてしまって結婚生活を維持することは難しいのではないでしょうか。結婚の場合は、そういうことが言われなくてもわかっているところがあって、たいていは一緒にいて疲れない相手、無理をしなくてもいい相手を選んでいるような気がします。

これが、ことダイエットとなると、目が曇ってしまうのはなぜでしょう。理由はわかりませんが、**ダイエットも「ラクな方法」、「自分のわがままを最初から通す」くらいのほうがうまくいきます。**

あなたが、「時間はかけたくない」、「お金もかけたくない」、「気力もあまりない」のであれば、そんなわがままを通して実践してください。わがままなくらいにマイペースで無理せず出た成果は、維持するのも簡単です。

がんばらないとやせられない、というのは、大きな間違い。

固定観念というものは、なかなかやっかいですが、結果が出ることでご納得いただけることと思います。

運動にはストレス解消効果もありますし、ジムに通ったりするのがいけないとは言いません。けれど、わざわざ時間をかけて運動してやせたとしても、続けられるかどうか。「続ける自信はないわ……」という人は、いらぬ挫折感を味わうのはもうおしまいにしませんか？

そもそも下半身の悩みは、ご自身のカラダの使い方に端を発しているのです。だからこそ、日常生活の中で理にかなったカラダの使い方をすることで、リバウンドとは無縁で下半身やせが可能です。

本書のメソッドで、あなたの固定観念がいい意味で覆《くつがえ》ることを楽しみになさってください。

美容と健康が両立しないトレーニングはいらない

本書で解説していることは、ダイエット本としては、まじめすぎるかもしれません。パパッとポーズを紹介するほうが、なんだか簡単そうで取り組みやすさがあります。けれど、今回、編集者さんに無理を言って、読んでいただく本として書かせてもらえることになりました。

実は、私はここ10年くらいのうちに、以前より、より安全に、より効果的であることに加え、「実生活に対してより実践的であること」を、ことさら重視するようになりました。

高齢の母が病気で退院後、一人では歩けないほどに足腰が弱ってしまったことがきっかけでした。私はこういう仕事をしていますから、母がまた元気に歩けるようにつきっきりで指導したのですが、そのときに痛感したのは、やはり「筋肉の使い方」

がいかに大事であるか、ということでした。

「どうやって歩いたらいいのか、歩き方がわからなくなってしまった」という母に必要だったのは、まさに本書でお伝えしているような「筋肉の使い方」の練習だったからです。


母の場合は、病気をきっかけに一気に衰えたので、母も私も危機感を持ちました。

けれど、普通、**多くの人は自覚のないままに足腰が衰えていきます。**

片足で立つとぐらつくとか、腕を真上に伸ばせないとか、おなかを凹ませることができないというのは、「衰えの過程」にほかなりません。下半身の悩みは衰えの結果であると言っても過言ではないのです。

そういった衰えに対して危機感がなかった、もしくはあったけれど有効な手を打てなかったせいで、下半身やせができないだけでなく、足腰が弱くなってしまうと「転倒骨折」というリスクも高まってしまいます。

この本は、合理的に最短で「下半身やせ」の目的を果たす本ですが、同時に、**人がいつまでもより健康的に元気に日常生活を送るうえでも、かなり実践的な内容になっています。**

簡単に転んでしまうことのないように、
大股歩きをしてカラダを痛めてしまうことのないように、
いつの間にか老人性O脚になってしまったりすることのないように、
年をとっても若々しい体形の自分をしっかりとイメージできるように。

本書は必ず役に立つことと思います。
あくまで無理なく、マイペースで実践なさってください。

第4章

即効でサイズが落ちるポーズ「PPC」とは?

私のセミナーでその場でサイズが小さくなる秘密

その場でサイズが小さくなると言うと、なんだか怪しい感じがするかもしれません。けれど、合理的かつ効果的に筋肉を刺激することで、どんな運動よりも早く、効率よく筋肉の状態を変えることができるのです。

「植森式ダイエットドローイン」は即効性のあるおなかやせメソッドとして多くの雑誌やテレビなどで取り上げられましたが、**筋肉は使ったなりに形状記憶するという性質を利用したメソッド**。目的にかなった形で筋肉を刺激するという意味で、おなかやせも下半身やせも、ベースとなる考え方は同じです。

「形状記憶」するというのは、このメソッドのしくみを端的に表現した言葉なのですが、どういうことか、ストレッチに置き換えて説明いたします。

どんな人でも、ストレッチをする前と後ではカラダの柔らかさが変わります。行った直後には、伸ばしたところが柔らかくなるのです。

学生時代に行った体力測定の「柔軟性」のテストを思い出してみてください。1回目と2回目では、2回目のほうがよい結果が出ませんでしたか？

これは、1回目に伸ばしたことで、2回目のほうがさらに伸びるから。ようするに、何もしていないときと伸ばした後とで比べると、筋肉が伸びて一時的に柔らかくなった、ということです。

ストレッチも一回行ったきりで、あと何もしなければカラダは変わりませんが、繰り返し行うことで筋肉の柔軟性が高まり、普段の状態のカラダが本当に柔らかくなっていきます。

さて、ストレッチは筋肉を伸ばすこととして、これから行おうとしているのは逆に筋肉を縮めることだと思ってください。「縮める」というのは、力を入れて「しめる」という意識です。手のひらをパーで思いきり伸ばすのがストレッチとして、逆に、グーをしてぎゅーっと力を入れるのに使うのが「しめる力」です。

狙った筋肉にしっかりと力を入れて筋肉をより縮んだ状態にすることができると、自分ではもう力を抜いているのに、筋肉は行う前よりもしまった状態になります。

ストレッチの後に、もう伸ばしていないのに、行う前より体が伸びているのと、形状記憶という意味で同じことです。力を入れていないけれどしまっている状態になる、ということをわかっていただけたでしょうか。

私の下半身やせの講座では目的に応じた筋肉の使い方をお教えし、それを何回か繰り返して練習することで、**筋肉がキュッとしまった状態を形状記憶させている**のです。

わずか1時間くらいの間に自分で測っていただいたサイズが小さくなるので、みなさんキツネにつままれたように驚かれます。

一番サイズが落ちやすいのはウエストで、次に下腹、お尻、太もも、と続きます。

ウエストは最高でなんと16㎝減、下腹9㎝減、ヒップ3㎝減、太ももは足の付け根で3㎝減です。筋肉がキュッとしまることで、形が変わったり、サイズが小さくなったりするのです。

ただし、いくらサイズが小さくなっても、短時間のうちに脂肪がなくなっているわけではありません。これから紹介するPPCポーズは、脂肪を落とすというより、「形を変える」のに適しています。カラダの気になるパーツをキュッとひきしめ、若々しいボディラインを手に入れる目的で行ってください。

1日1分で理想の下半身と人生の自信を手に入れる目標ポーズ「PPC」

PPCは「パーフェクト・プロポーション・コントラクション（収縮）」の略。

または、ピンピンコロリを目指す人向けのポーズです（笑）。やや強引にこじつけていますが、本質的にそういうポーズと思ってください。

おなかをどのくらい大きく凹ませられるかが違うように、同じ動きを言われたとおりに行っているつもりでも、どのくらい筋肉のコントロールがきいているかは人によります。実際、このポーズをいきなり行っても、うまくできない人がほとんどです。最初、あまりのできなさ加減にどよめきが起こり、少し騒ぎになるくらいです。

そんなポーズを冒頭にいきなりやってみてと言っておいて恐縮ですが、最初はできなかったということを確認しておいていただきたいのです。

ＰＰＣポーズは、基本のドローイン姿勢を崩さずに上半身を傾けて、片足でバランスをとるもので、ある意味究極のポーズ。これからあなたの下半身をほっそりさせていくうえで、足りない力の存在を教えてくれるポーズでもあります。

まずはあらためて基本の行い方を紹介しますが、**行う前にぜひサイズを測って記録しておいてください**。また、少し抵抗があるかもしれませんが、気になる部位は写真を撮っておくことをおすすめします。

PPCポーズの記録　〔　年　月　日〕

部位	行う前	行った後
ウエスト	cm	cm
下腹	cm	cm
ヒップ	cm	cm
太もも（足の付け根）	cm	cm
太もも（ひざ上）	cm	cm
ふくらはぎ	cm	cm
足首	cm	cm

とくに、下腹やお尻は効果が早く実感できるので、横から写真を撮っておくと励みになります。

サイズや写真は人に見せる必要はありません。はいていたパンツがゆるくなってきてからサイズを測り始める方がおられますが、客観的なデータとして、ぜひ最初から記録しておきましょう。体重が減っているわけではないのに、カラダのラインがきれいになったり、ハリが出るのはうれしい効果だと思います。

それでは、基本の行い方を紹介します。その後に、ひとつひとつの動きにどのような意味と効果があるのかを詳しく解説していきます。

PPCポーズを行ってみましょう

▼即効サイズダウン！　PPCポーズの基本の行い方

①背中の使い方

背すじをできるだけしっかり伸ばして立ったら、後ろで手を組み、背中にできるだけたくさんのしわを寄せる。

②おなかの使い方

おなかをできるだけ大きく、下腹まで凹ませる。

PPCポーズ 基本の行い方

①背中の使い方

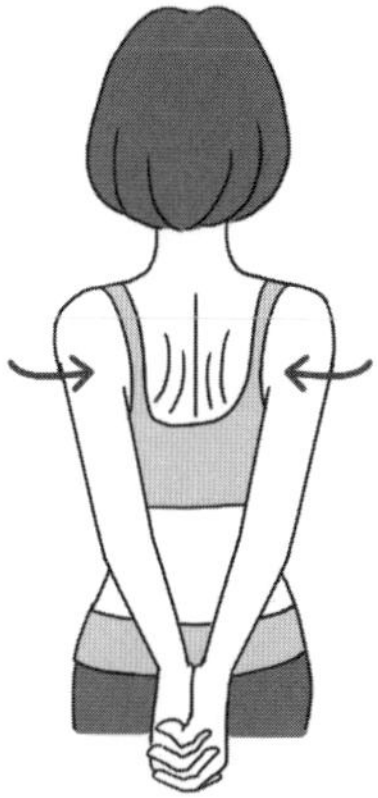

肩を上げないように
注意

②おなかの使い方

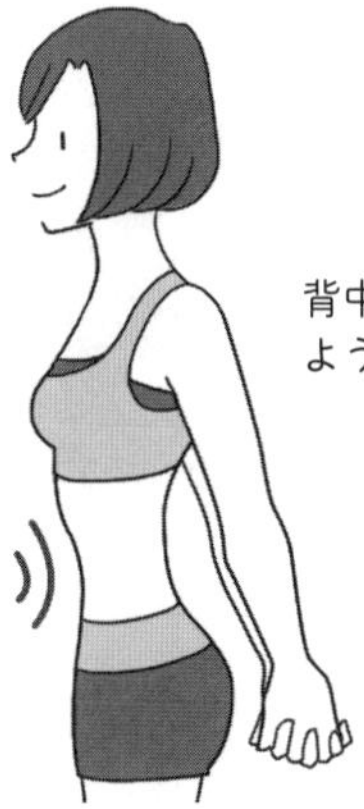

背中の力が抜けない
ように注意

③下半身の使い方

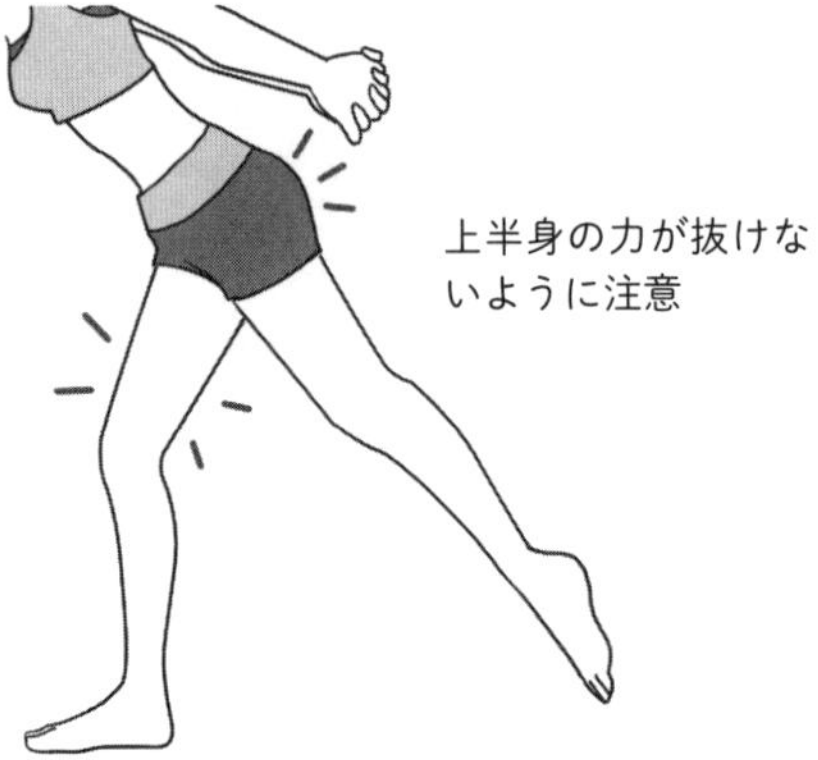

PPCポーズ 基本形

③下半身の使い方

つま先を遠くに伸ばしながら片足を斜め後ろに上げる。立っているほうの足は少し曲げて、ぐらぐらしないように10～30秒キープする。反対の足も同様に。

PPCポーズができない人は衰えている

このポーズがうまくできない場合、自分の考えるとおりにカラダを使いきれていません。ただし、それが背中なのか、おなかなのか、腰回りなのか、お尻なのか、足なのか、あちこちなのか、人によって違っています。ですから、**まずはご自身の弱点に気づくことが大事**だと思ってください。

このポーズに取り入れているひとつひとつの動きはシンプルで、本来難しいものではないのですけれど、無意識に生活をしているとそういった基礎的な動作ができなくなっている、つまり、筋肉がきちんと使えなくなっているのです。
筋肉が使えない部位のボディラインが崩れ、脂肪がつくという話を思い出してください（41ページ）。

料理の腕前が上がった結果、おいしい料理ができあがるように、料理がうまくできないままではおいしい料理はできあがりません。**このポーズを確実にできれば、あなたの下半身のラインは必ず美しくなります**。
どんな運動よりも最短で、です。

それでは部位に分けて、さらに詳しく行い方のポイントや注意点を解説していきましょう。

▼背中のポイント

「後ろで手を組み、背中にしわをめいっぱい寄せる」という動きは、背中の筋肉のコントロールを高めるために行っています。

さて、あなたは背中がしっかり使えているでしょうか。

鏡に映しながら、または、ご自分の目で見ながら、今度は、手を後ろで組まずに肩だけを軽く後ろに引いてみましょう。

すっと肩だけ動かせた人は、背中の筋肉のコントロールがきいています。

◉肩は後ろに引けるけれど腕にも力が入っていて見た目が不自然
◉肩が動いていない、または、肩が上がってしまう

という人は肩甲骨を少し寄せるつもりで、もう一度やってみましょう。

肩甲骨を寄せようとすると、今度は、胸を突き出したり、腰がそったりと、壁ぎわでとった姿勢（87ページの「基本のダイエットドローイン姿勢」）のポジションが崩れてしまいやすいので気をつけてください。

背中の筋肉を意識的に使うことは、腹筋を鍛えることよりも重要と、私は考えています。なぜかというと、**スマホにはじまり、私たちの生活は前のめりの動作ばかり。**前のめりの動作によって、背すじを伸ばす筋力が衰え、前肩になり、そして猫背傾向になっていくからです。

猫背傾向であると、見た目がよくないだけではありません。

首こり、肩こり、腰痛、ひざ痛を起こしやすいだけでなく、70ページでお試しいただいたように、上半身が前に倒れていることによって安定が悪くなります。

安定していないから無意識にすぐ足をつく、そして歩幅が小さくなり、脚力も衰える、という負のサイクルに入っていってしまわないように、心しておきたいところです。

カラダの中で大事ではない筋肉なんてひとつもないのですが、あえてどこの筋肉が大事かというなら、私は**「一番に背中が大事」**だと思います。

植森式ダイエットドローインの中で、「背すじを伸ばして肩を引く」という動作が一番最初に入っているのは、おなかやせ効果を高めることはもちろん、元気に自立した人生を送るうえで大黒柱のような存在が背中の筋肉であるからなのです。

姿勢が悪いというほどではないけれどよいとは言えない。そんな方は、ぜひ意識的に背中のコントロール力を取り戻すべく、ＰＰＣポーズに取り組んでください。

背中は意識的に鍛えて絶対に損はありません。背中の力は、下腹やせと、しなやかに動く下半身の大黒柱であることを覚えておきましょう。

▼おなかのポイント

ＰＰＣポーズでは、背中で手を組んでしわを寄せていることによって、おなかは引き伸ばされて凹ませにくい状態になっています。

この状態で下腹を強く凹ませる力を使うことができると、わずかな時間でサイズが細くなる効果を実感できます。

ちなみに、このポーズを行ったとき、大きく分けると左の２つのＮＧパターンがあります。

さて、あなたはどちらのパターンに近いでしょうか。

Ａに近い場合は、背中の力が弱い
Ｂに近い場合は、おなかの力が弱い

ということになります。

A　おなかは凹んでいるが、背中が丸まっている

B　背中にしわが寄っているが、腰がそっておなかが凹んでいない

筋肉のコントロールがきかないまま行っていても、かえって結果が出にくくなってしまいます。いくら凹ませているつもりでも、実際に凹んでいなければ形状記憶のしようがなく、サイズも変わりません。下腹を凹ませる力が弱い人は、第5章の「下腹の悩み」もぜひ参考にしてください。

大切なのは、大きくカラダを倒すことではなく、ご自分がグラグラせずに安定できる角度から始めることです。ご自身がスキーのハイジャンプの選手になったつもりで。ピューンとより遠くに飛んで行くつもりで行ってみましょう。

背中にぎゅっと力を入れ、おなかもぎゅっとぎゅっと凹ませます。

カラダがぐにゃぐにゃしていたらいけません。ぐにゃぐにゃしてしまわない角度で、より大きくおなかを凹ませて下腹にきかせます。

そうして、繰り返すうちに、美しい姿勢とペタンコ下腹ができあがっていきます。

▼下半身のポイント
後ろ足はヒップアップに、立ち足は太もも全体にきかせます。

まず、後ろ足ですが、後ろに上げている足を高く上げることで、上げている足の側のヒップアップにききます。

ですから、ヒップアップしたい人は、足を高く上げればよいということになりますが、さらにヒップアップ効果を高めるポイントがあります。

それは、お尻をぎゅーっと上にしめながら、つま先をより遠くに伸ばしながら足を上げること。動作としては足を上げるのですが、お尻が持ち上がっていることを意識するのです。

次に立ち足ですが、太もも全体をひきしめる効果があります。

太ももの前、そして、お尻から太ももの裏側が突っ張ったように伸ばされながら、力が入って硬くなるのがわかるでしょうか。

よくわからない人は、立ち足をもう少し深く曲げてみてください。「太もも全体がたるみ気味で……」という人であれば、立ち足を深めに曲げるとより効果的です。

立っているほうの足をどのくらい深く曲げるかによって、負荷を調整することができます。足全体のラインを美しくしたい人は、深めに曲げてキープしましょう。必ず、反対の足も同様に行ってください。

ひざや腰が弱い人はどうしたらいいのか

ＰＰＣポーズは、上半身の筋力がつくことで足腰にかかる負担を小さくするだけでなく、足腰の筋肉もしなやかに強くしてくれます。

けれど、ひざや腰の弱い方にとっては、不安があるかもしれません。カラダに痛み

PPCポーズの強度調整法

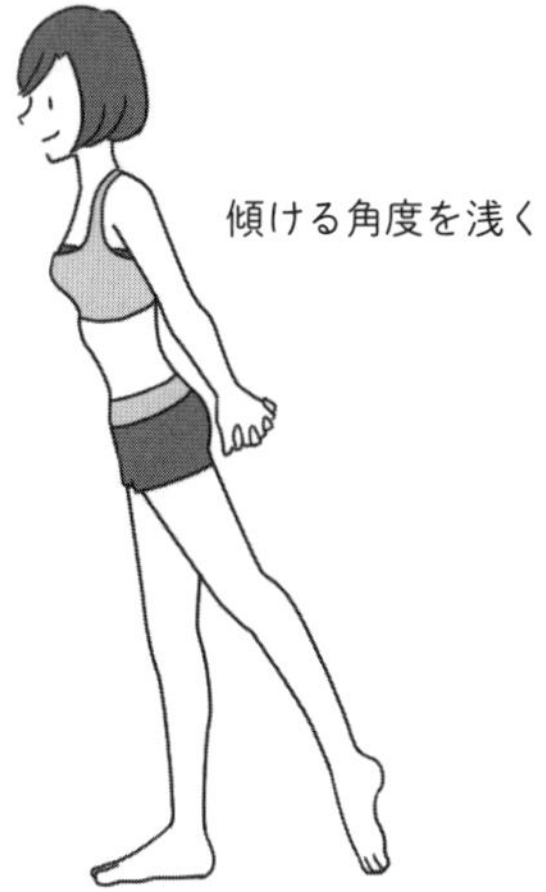
傾ける角度を浅く

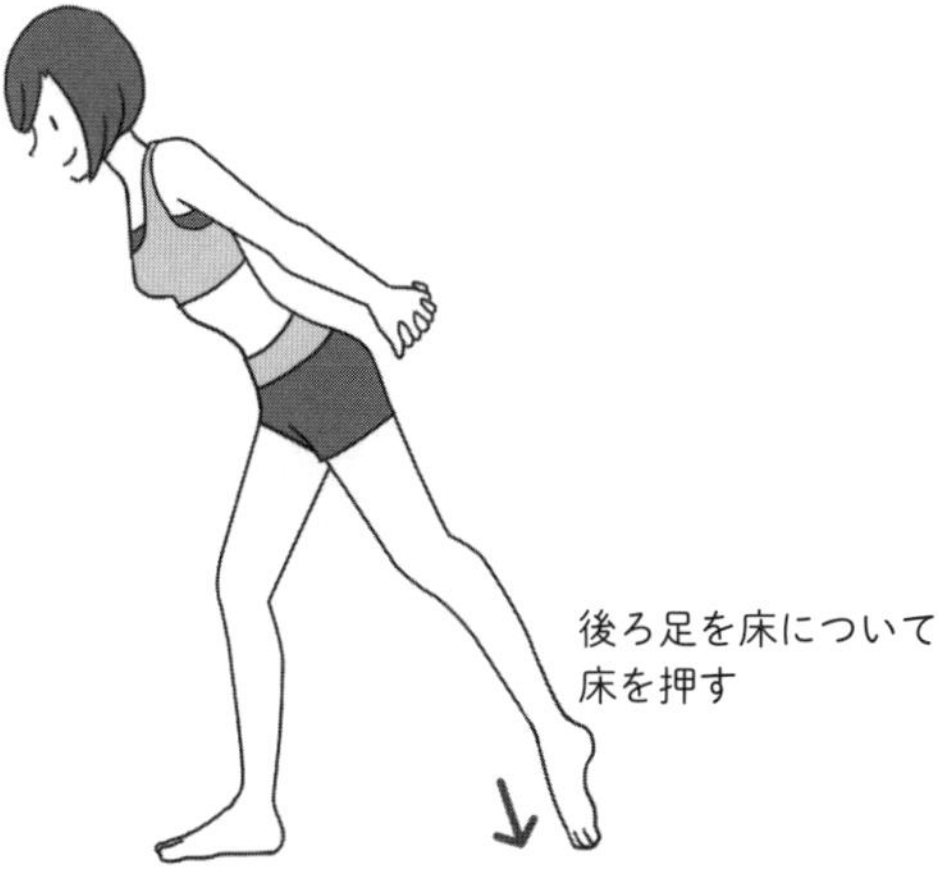
後ろ足を床について
床を押す

があると、痛みがひどくなるのが怖くて、ついつい大事にしすぎてしまい、結果、さらに筋力の衰えを招いてしまうことがあります。そうなると、結局は転倒のリスクが高まることになってしまいます。

痛いのを我慢して行うのは絶対にダメですが、転ぶときはたいてい片足でカラダを支える形になります。片足でふんばり、バランスをとる力は、やはり実際に片足で立って鍛えるのがよいのです。

前ページに、いくつか強度の調整方法を紹介しておきます。これでも不安がある場合には、片手で壁を支える形で少しずつ行ってみましょう。痛みの出ない形を見つけて、けっして無理はなさらずにマイペースで取り組んでみてください。

PPCポーズとともに年を重ねませんか？

PPCポーズをうまくできなくても、いまできないこと自体が問題なのではありません。

いまできないということは、これからもっとできなくなるということ。もっとできなくなるということは、下半身の悩みが増すばかりでなく、足腰が衰えることを意味しています。それこそが問題です。

ひきしまった下半身だけでなく、自立した人生を送る自信をくれるPPCポーズをこれからじっくりマスターしていきましょう。

1日1回は行うのが基本ですが、行うのを忘れてしまう日があってもどうってことはありません。続けていくうちに上達してくると、カラダのしまりもどんどん変わります。

「1日たったの1分でスタイルがよくなる」と考えると、時間をかけて習い事をしたりするのと比べても、とってもお得感の高いポーズです。

ゆくゆく欲が出てきたら、ぜひ次ページのPPCポーズの最終形を目指してみま

PPCポーズの最終形

しょう。

年をとるといろいろなことができなくなるのが普通ですが、それは使わなくなるから衰えるという一面があります。私は70歳になっても、80歳になっても、このポーズを実践して広めていきたいと思います。

ぜひご一緒にこのPPCポーズに励んでいきませんか?

※PPCポーズを行う際には、足元の安全には十分に注意なさってください。

第5章

あなたの下半身を変えるための1週間

あなたの下半身を変えるための1週間レッスン

本章では、下半身のさまざまな悩みに対し、どのように筋肉を使えばよいのか、ドローインを応用した効果的な下半身やせの手法を具体的に伝授していきます。

おさらいしておきたい基本的なポイントは2つです。

◉形を変えたい場合は強く、脂肪を落としたい場合は長く（または頻繁に）行う

◉たんに動きをマネするのではなく、目的を意識しながら行う

すべてを続ける必要はありません。ぜひ1週間だけ、ひととおりの動きにチャレンジしてみましょう。

そして、ご自分のお悩みを解決するため、どのようにカラダを使ったらよいかを知ってください。

1日目　下腹の悩み

体形が太めでも細めでも、気になる部位のナンバー1！は下腹です。

なぜ下腹で悩む人がとても多いのでしょうか。

おさらいになりますが、それは下腹を凹ませ脂肪を落とすためには、背中がカギを握っているということが知られていないから。下腹の筋肉を効果的に刺激するには、背中から下腹を引っ張り上げた状態で凹ませることです。この背中からの遠隔操作があるかないかによって、下腹への刺激の入り方、使われ方が格段に違ってくるのです。

まず、確認しておきたいのは、背すじをしっかり伸ばして肩を引いた状態で、おなかを凹ませたときに下腹がちゃんと動くかどうか、です。

下腹がまったく意識できない、凹ませることができない、力が入っていない、という人も珍しくはありません。

下腹が凹まない人の練習方法

「背すじを伸ばすと下腹が凹まない」「下腹の筋肉を意識できない」という人は、ともかくは**おなかを凹ませやすいポジションで下腹を凹ませる練習**をします。

とりあえず「下腹は凹ませることができる」という人も、下腹をコントロールする力を高めるために、ぜひやってみてください。

左のイラストのように、両足を広げてふんばり、背中を丸めた状態で、片手を太ももに、もう一方の手を下腹にあてます。

最初はおなかの力を抜いた状態から、内臓や脂肪を天井側に引き上げるつもりで、下腹をえぐるように大きく凹ませてみましょう。

このときに、下腹を指先で押すと、脂肪の奥のほうに硬くなっている筋肉の存在が感じられるはずです。

そうしたら、その凹んだ下腹の力が抜けないように気をつけながら、上半身をゆーっくりと起こしていきましょう。最後は、背すじを伸ばして肩を軽く引きます（次ページイラスト）。

いかがでしょうか？　下腹は凹んだままになっていますか？

息が止まってしまうのはNG。しつこくてすみませんが、呼吸に頼らずおなかの力をコントロールすることが大切です。

まれに、やっぱり下腹が凹んでいないという方もいるかもしれませんが、それ

下腹が凹まない人の練習法

①内臓や脂肪を引き上げるつもりで、下腹を大きく凹ませる

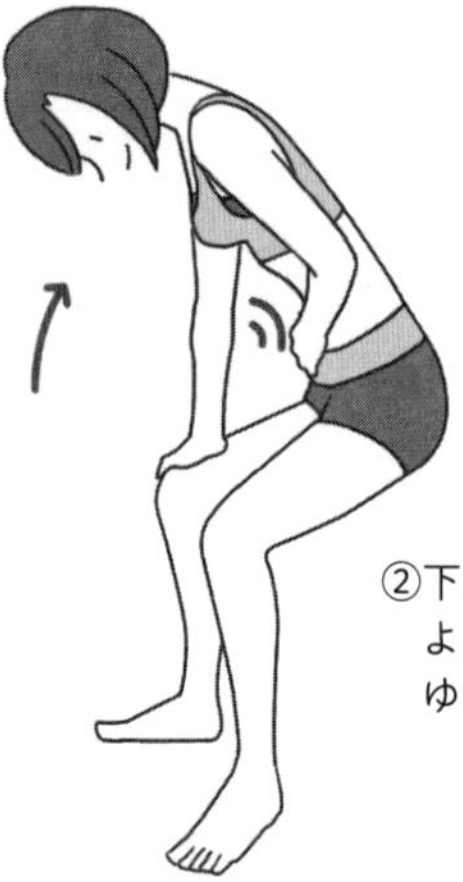

②下腹の力が抜けないように、上半身をゆーっくりと起こす

③背すじを伸ばして肩を軽く引く。息は止めない

は筋肉自体は存在しているのに、まだ力が入らないだけ。私の下半身やせの講座でも、できるまで練習します。何回か行うとコツがつかめてくるはずです。

ペタンコ下腹をつくるポーズ

下腹に強めの負荷をかけ、きゅっとしまった状態に形状記憶させるポーズです。

まず、腹ばいになって腕をまくらにしておでこをつきます。

そうしたら、下腹を床から浮かせるつもりで大きくおなかを凹ませます。下腹が大きく凹んでくることによって、お尻が少し浮いてきます（次ページイラスト）。

息を止めずに10～30秒。脂肪を落としたい人は、さらに長めに行います。長めに行う場合は少しきつくなりますが、顔を上げ、テレビを見ながら、本を読みながら行ってもＯＫです。

ペタンコ下腹をつくるポーズ

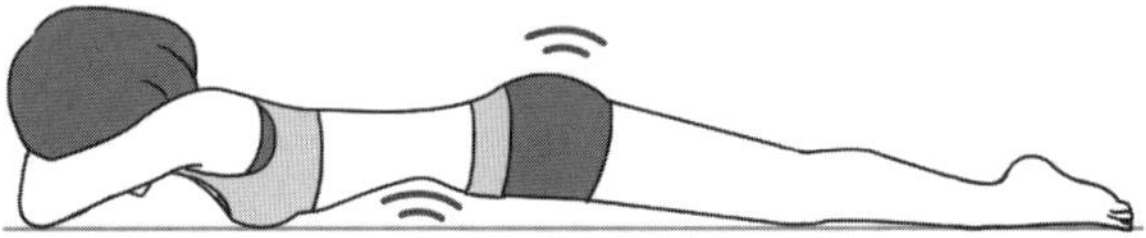

下腹を床から浮かせるつもりで、おなかを大きく凹ませる

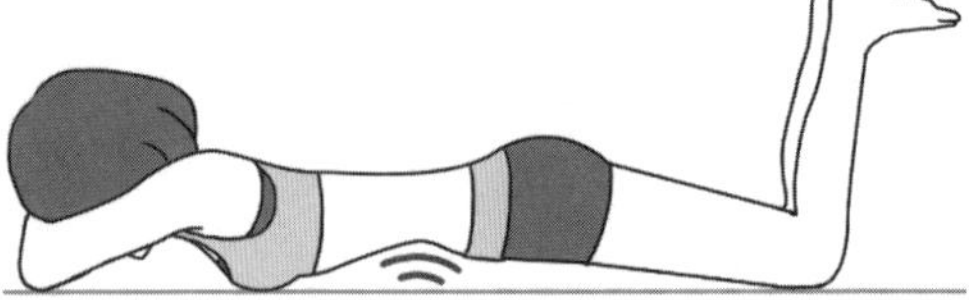

きつすぎると感じたら、ひざを立てて行う

このポーズでは、**内臓や脂肪の重みが負荷としてかかるため、見た目は地味ですが、おなかにしっかりきいてきます。**肩が力んだり、背中を丸めてしまうと、下腹を効果的に刺激することができないので、上半身に力が入ってしまわないよう気をつけましょう。

きつすぎると感じる場合は、ひざを立てて行ってみてください。

腹ばいで行うので、朝、目が覚めたときや、寝る前の習慣にするのもおすすめです。

下腹のたるみをとるポーズ

「下腹のたるみが気になる」という方向けのポーズです。

両手を壁についてお尻を後ろに引き、下腹をこれでもかーというくらい伸ばします。

そして、下腹にストレッチをかけた状態のまま、ぎゅーっと押し込めるようにより大きく下腹を凹ませましょう（次ページイラスト）。

下腹のたるみをとるポーズ

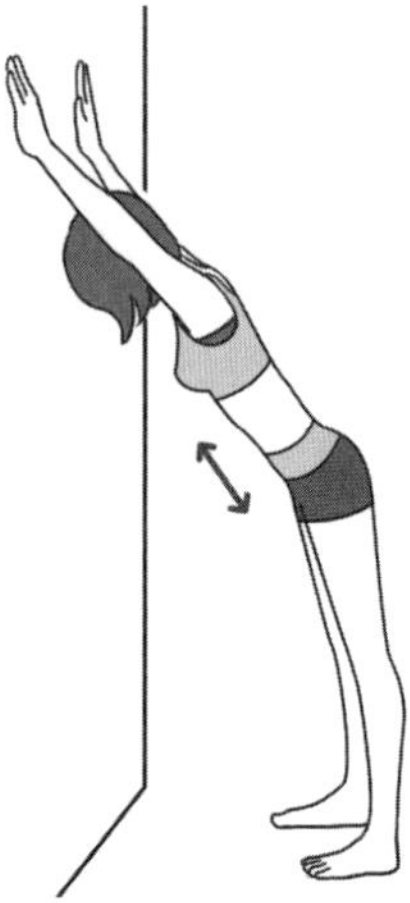

①お尻を引き、下腹をできるだけ伸ばす

②ぎゅーっと押し込めるように下腹を凹ませる

1回10～30秒、たるんだおなかを強めに刺激。終わったら、下腹の力を抜かないようにして、上体を起こし、手をおろします。

ちなみに、ここまで下腹にストレッチをかけた状態で長く凹ませるのは無理があるので、脂肪を落としたい場合は、この「たるみをとる」筋肉の使い方を思い出して日ごろの姿勢や歩き方の中で意識していきましょう。

下腹の脂肪を燃やす歩き方

下腹の脂肪を落としたい場合、下腹を凹ませ続けるのが目的に合った筋肉の使い方です。ただ、ポーズを長く行うには限界もあります。下腹のコントロールがきくようになったら、やはり**日常生活に下腹を凹ませることを取り入れるのが現実的かつ効果的**です。

たとえば、電車の中でスマホを使うとき、前肩になって無意識にスマホを操作するのと、背すじを意識的に伸ばした状態で下腹を凹ませるようにするのとでは、大違いなんてものではありません。

「疲れているときにそんなこと意識するのは大変だわ〜」と思うかもしれませんが、そんな無意識な姿勢が首こり、肩こりなどの不快な症状をはじめ、下腹の悩みを生んでしまっているのです。疲れがちな生活の中で、わざわざ何かの運動を行うことのほうがずっとハードルが高いのではないでしょうか。

座っているときだけでなく、立っているとき、お買い物をしているときなど、生活の中で背すじを伸ばし、下腹を凹ませることを意識するだけで、確実にあなたの運動不足の解消に役に立つのです。それだけでなく、下腹の脂肪が落ちると思うと、これはもうやらなきゃ損でしょう。

話は少し違いますが、私は昔、「ショッピングのポイントなんて」と、どこか甘く見ていましたが、ポイントを集めることでまったくバカにならない金額になるということを、集めるようになって初めて実感しました。

ポイントはコツコツと集めるのに対して、脂肪はコツコツと燃やす行為ですが、同じです。こまめに取り組んでいただければ、私のお話しする意味をポイントではなく、あなたの下腹で実感していただけると思います。

ショッピングのポイントを集めるコツがあるように、脂肪を燃やすチャンスとしておすすめなのが、歩くときです。

歩きながら**下腹の脂肪を燃やすコツは、できるだけ目線を高くして歩くこと**です。

「目線を高く」と言うと、上を向いてしまう人がいますが、そうではなく、目の位置の高さを高く、ということ。背伸びするような感じです。

少しではなく、できるだけ目線を高くすることで、下腹の筋肉が使われてきます。

たとえば、高いところにあるものをとろうとしたときに、たんに手を伸ばしただけでは届かなくても、おなかを絞るようにして胴体を上に引き伸ばすことで手が届きますよね。下腹を凹ませる力というのは、本来はこういうときに使う力なのです。

下腹だけを凹ませるというより、体をたるませずに背すじを伸ばして引っ張り上げるように意識します。目線を高くすることの意味を理解して、より効果的に下腹を使っていきましょう。

最初はすぐに疲れてしまってもいいのです。ともかくはマイペースで行っているうちに、楽にきゅっとより大きくしめておけるようになり、あなたの下腹が変わります。

2日目 お尻の悩み

お尻の悩みをどうしたいかを大別すると、「小尻」か「ヒップアップ」いずれか、または両方、という感じでしょうか。

お尻の形についてお話しする前に、ぜひ知っておいてほしいことは、**下腹や腰回りを細くしたい人にとって、お尻をしめる力が役に立つ**ということです。

どういうことかというと、下腹を大きく凹ませるとき、前側からお尻に向かって押す力が働きます。このとき、その力を受け止めて支えるのがお尻の筋肉です。お尻をしめる力が弱いようだと、「おなかが凹んだ出っ尻状態」になってしまいます。

下腹を凹ませる筋力は、お尻をしめる力があってこそ鍛えることができるのです。

腰回りを細くする場合も、お尻をしめる力は外せません。お尻は、下半身の中では効果を早く実感しやすい部位で、うまく行えば、行う前と行った後と、鏡に映したときにその変化が目で見てもわかります。ぜひ積極的に取り組んでいきましょう。

横に広がったお尻を小尻にするポーズ

まずは、小尻になるカラダの使い方から解説していきましょう。

脂肪が多いか少ないかはさておき、横に広がったお尻をきゅっと内側にしまったジーンズの似合う小尻にしたい場合、どうすればよいのでしょう。

そう！　鋭い人はおわかりかも。そのままの形にお尻をしめればよいのです。左ページのイラストのように「お尻を内側に寄せてしめる」動きをやってみましょう。

さて、あなたのお尻はきゅっと内側に動いてくれたでしょうか？

「なんだか動いているのだかいないのだか……」という方も大丈夫！

両手でお尻をさわってもう一度、お尻を内側にしめてみてください。

軽くではなく、「ぎゅーーーーっと」です。

先ほどよりも動いてきたかと思いますが、ここからが肝心。

今度は、ご自分のお尻のとくに気になっている場所をさわりながら、もう一度しめてみます。そうすると、自分が気になっているところは、動きが悪い、つまり、力が入れられていないではないでしょうか。

「力の入って硬くしまっているところ」と、「力を入れているのに、あまり硬くなっていないところ」があり、気になっているのは、力が入っていないところのはずです。

小尻になるポーズ

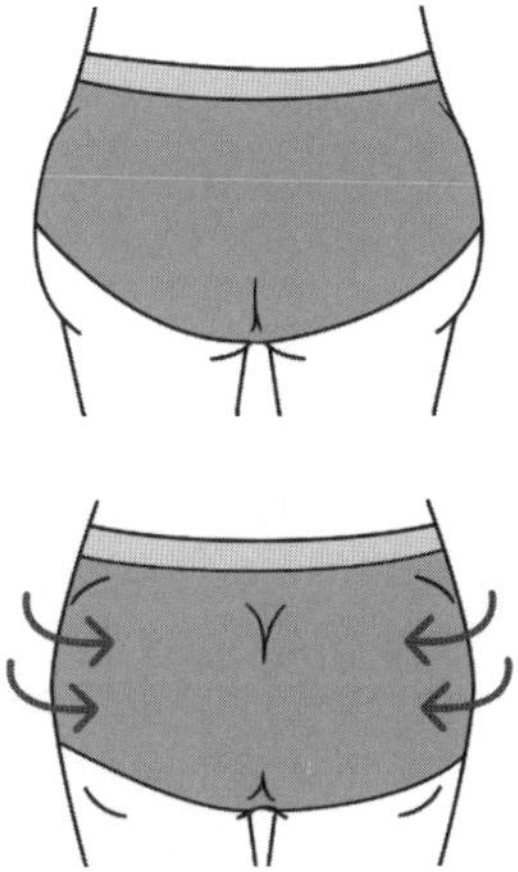

先述した「形が崩れ、脂肪がたまるところは使えていないところ」という話を思い出してください。ここから少しマニアックですが、こういうしめ方をします。

「漠然とお尻を内側にしめるのではなく、**気になっているところを中心に意識して、お尻をぎゅーーーーっとしめる**」

力が入らなかったところでも、手でさわりながら意識してしめるうちに、必ず力を入れられるようになります。私の下半身やせ講座でも2、3回練習するうちに、みなさん感覚がつかめるようです。

筋肉の構造はみんな同じで、使えていないだけですから、ここはあきらめてはいけないところです。

さて、お尻の形だけ変われればOKなら、ひたすら強くしめることを10〜30秒。脂肪も落としたい場合は、状況に応じて長めに行うようにしましょう。

ちなみに、私の60代の生徒さんは、洗濯機の終わるころに見に行って脱水している間、洗濯ものを絞るイメージでお尻を絞って待つようにしたのだそう。そうしたら、きつかったパンツがゆるっゆるになり、「顔はちっともやせていないでしょう?」とうれしそうでした。

電子レンジで温めている間とか、人を待っているときとか、電車に乗っているときなど、場所や時間を選ばずに行えます。しめ方がわかってくると、座っているときにもできるようになりますよ。

ひとつ注意してほしいのが、やせている方が、このエクササイズをがんばってやりすぎると、不憫《ふびん》なくらいの小尻になってしまうことがあります。時々、鏡で確認しながら、理想の小尻を目指していただければと思います。

きゅっとヒップアップして、お尻と太ももの境目を復活させる

ヒップアップしたい場合は、小尻にするのと筋肉の使い方が違います。小尻では内側にしめるのに対し、ヒップアップは上方向にしめるのです。**ヒップアップの基本の動きは「足をカラダの後ろで使う」**だと覚えておいてください。ＰＰＣポーズでは、後ろ足にこの動きが入っているのがおわかりでしょう。

たとえば、腹ばいになって足を上げるエクササイズは、雑誌などで見たことがあるのではないでしょうか？　腹ばいになって足を上げるだけでも悪くはないのですが、秘策をお教えしましょう。

ヒップアップの基本ポーズ

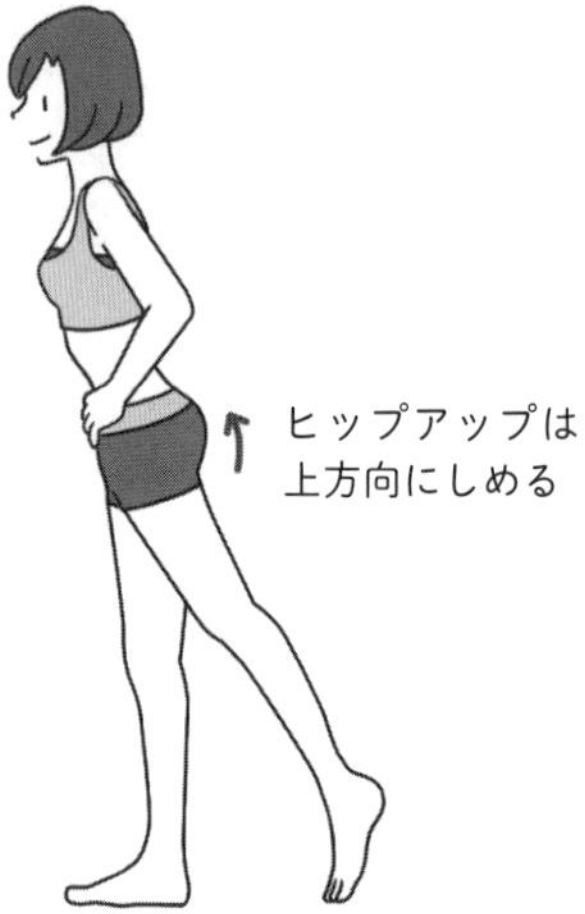

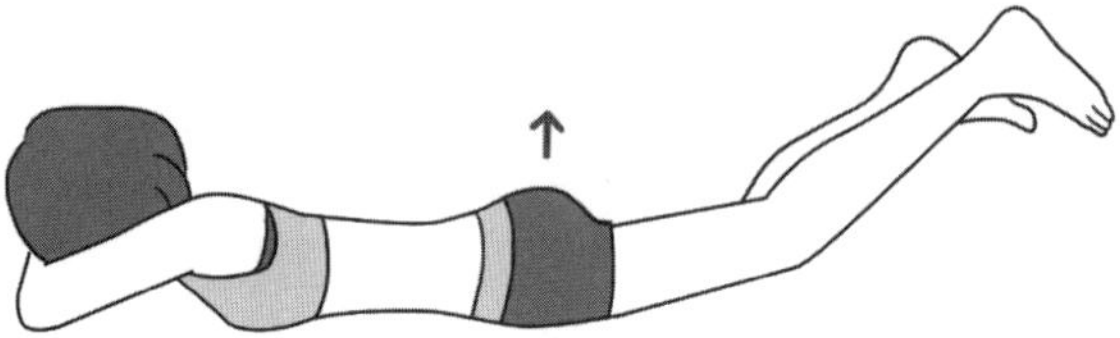

ヒップアップの秘策ポーズ

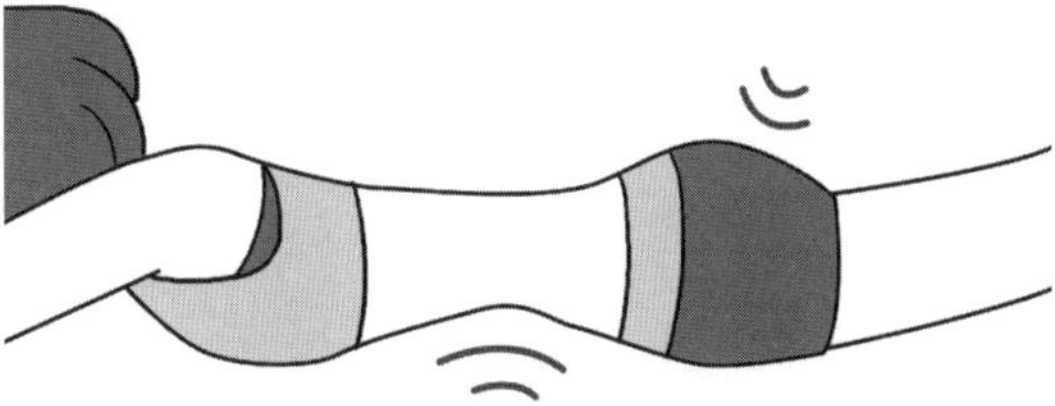

腹ばいになり、おなかをぐーっと凹ませた状態で
足を持ち上げるのがヒップアップの秘策

それは、上のイラストのように、おなかをぐーっと凹ませた状態で足を持ち上げるのです。

おなかを凹ませると、足はむしろ上げにくくなるのですが、ここはあえておなかを凹ませて持ち上げるほうが効果的です。そうするとお尻に負荷を集中させるよりも、下腹の筋肉や骨盤底筋群、腸腰筋など骨盤周りの筋肉と連動させて「しめて」使うことで、ヒップアップの形状記憶がよりスムーズになります。

また、腰をそらすと痛みが起きやすい人にとっても、おなかを凹ませることで腰が保護される、という意味でもおすすめです。

もし、おなかを凹ませて行っても腰に不安を感じる場合には、両足を一度に持ち上げるのではなく、片足ずつ持ち上げてみてください。

動作としては足を上げるのですが、お尻をしめた結果、足が上がってくる、そのような意識で行うのがポイントです。

さて、ヒップアップの動きは、立った状態でも行えます。

まずは背すじをしっかり伸ばし、おなかもきゅっとしめます。そうしたら、足を伸ばして足を後ろに上げてみましょう。

いかがですか、腹ばいで行ったときのようにお尻がきゅっと上がったのがわかりましたか？

これはこれで基本の動きとしてやっていただくのもありなのですが、たとえば、外で足を後ろに上げていたりすると、「あの人、何やってるの？」みたいな目で見られてしまいます。

そこで、いつでもどこでも怪しい目で見られずに行える方法としておすすめなのが、「足を一歩後ろにつき、つま先で床を押す」という方法です（左イラスト）。

どこでもできるヒップアップポーズ

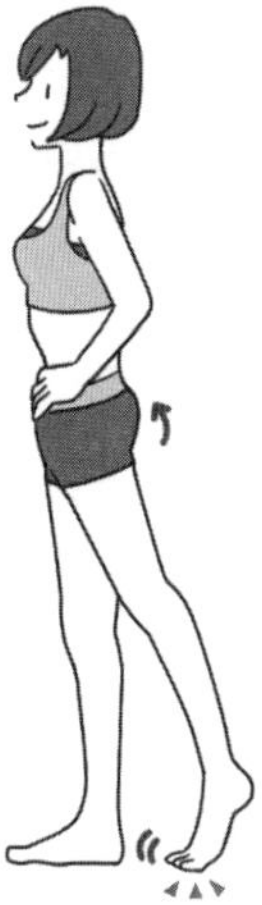

強く床を押せば押すほど、ぎゅっと力が入ってヒップアップしてきます。
床をぎゅぎゅーっと押していても、どうか涼しいお顔でどうぞ。隙間時間に床を押して、持ち上がったヒップを形状記憶させていきましょう。
１回10～30秒が目安です。
ついているお尻の脂肪を落とした

いという方は、長めに力を入れ続けるようにします。

82ページで試していただいたように、上半身から骨盤を固定する力が弱いと、足に強い力が入らず、ヒップをしっかりと使えません。

また、いくら強く押しても、上半身の姿勢が崩れてしまうと効果半減ですので、気をつけてください。

ヒップをアップしながら小尻にしたい場合は、「お尻を持ち上げながら、内側にしめる」ということもできるようになりますよ。

漠然とヒップアップしようと考えながら行うのと、「ここよ！　ここがキュッと、こういう形になってほしいのよ！」という目的意識を持ちながら行うのとでは、筋肉の使われ方も変わり、成果も変わってきます。

ヒップが持ち上がることによって、たるんで太ももの付け根にたまりにたまっていた脂肪も引き上げられます。ヒップと太ももとの境目も復活させたい人は、ヒップアップする筋肉の使い方をぜひマスターしてください。コツをつかんだら、後ろ足で床を押す動きを歩くときにも意識していきましょう。

3日目 太ももの悩み

太もものお悩みで多いのは、「太さ」「たるみ」ではないでしょうか。

まず太さですが、現在、マシーントレーニングなどで重さをかけて太ももの筋トレを行っている方がいらしたら、それが足の太さに一役買っている可能性があります。

足を細くしたいのなら、それらはやめてしまうほうがよいと思います。

たとえば足腰を強くしたいという場合にも、第4章で紹介したＰＰＣポーズのように「片足で自分の体重を支える」「ふんばる」といった、より実際的な動きで鍛えるほうがおすすめです（逆に太くしたいということでしたら、ＰＰＣポーズでは力不足ですが）。

さて、たるみをとるには強めに筋肉を刺激する必要があるとして、筋肉を太くしないためには、カラダの軸を強くしつつ、その軸と連動させて鍛えると、ゴツゴツせずにしなやかな筋肉になります。

どのようにカラダを使えば、どのようにきくのか、解説していきましょう。

ひざの上のたるみをとる、脂肪を落とす

太ももの前側の筋肉は主に「足をカラダの前で動かす」ときに使っています。

太ももの前側の筋肉をしっかり使えていないと、しまりのない太ももになり、「さほど太くはないのにひざ上にお肉がたまっている……」という状態を招きます。

まずは太ももの前側の筋肉の存在を確かめるべく、普段歩いているときと同じくらいの高さで片足をカラダの前に出してみます。歩き出すときの前足の太もも、この太ももの前側に力が入っているか、手でさわってみましょう（片足だとふらついてしまう方は、転んだりしないように片手で壁などに軽く手をついて行ってください）。

手でさわっても、力が入っているのかどうかよくわからない、という方もおられるかと思います。そこで、今度はそのまま前に出している足をしっかりと伸ばしきってみてください。

前に出している足をしっかり伸ばすか伸ばさないかですから、ほんの数センチの動き。ですが、太ももの前側にきゅっと力が入って硬くなったのがわかりましたか？

そう、太ももの前をしっかり使うために大事なポイントは、足をしっかり伸ばすこと。歩くときも、ひざの裏を伸ばすくらいのつもりで意識してみてください。

では、最後に足を伸ばしきったまま、足を少し高めに上げます。

少し上げているだけで、太ももがプルプルしてきたのではないでしょうか。

これが太ももの前側を鍛える基本の動きです（次ページイラスト）。

足をしっかり伸ばそうとすると、カラダの軸を安定させる必要もあります。

太もも前側をひきしめる基本のポーズ

少し上げているだけで、
太ももがプルプル。転倒
予防にも役立つポーズ

上半身の軸が強くなってくるほど、ラクに美しく足を伸ばすことができ、足をしっかりと伸ばして高く上げようとすると、カラダの軸もより強く鍛えられるのです。

太ももにメリハリがない、ひざの上のたるみが気になっているという人は、10～30秒、足を高めに上げてキープ。**太ももをきゅっとひきしめてくれるだけでなく、転倒予防にも大いに役立つポーズ**です。

足を高く上げると長くは行えませんが、

太もも前側の脂肪を落とすポーズ

かかとを床すれすれで
できるだけ長くキープ
し、脂肪を燃やす

それでＯＫ。

太もも前側の脂肪を落としたい人は、上のイラストのように、かかとを床すれすれの高さで、できるだけ長くキープして脂肪を燃やしましょう。

足を高めに上げるのは家でないと行いにくいかもしれませんが、床すれすれに持ち上げておくやり方なら、意外と実践できるタイミングはたくさんあります。

電車に乗っているときは安全を考えてつり革をつかんで、イスに座っていると

腰を落としてしまうのはNG

きはテーブルの下でさりげなくなど、意外なほど人には気づかれません。

気をつけるポイントは、足の高さにかかわらず、足をしっかり伸ばして、腰を落とさないこと。上のイラストのようではＮＧです。

とくに足を高めに上げると腰が落ちやすく、それでは効果半減してしまいますので気をつけてください。

太もも内側をひきしめる、脂肪を落とす

太ももの内側は、ぷよぷよとお肉がつきやすい部位。なぜかというと、内ももは、つま先を外に向けたり、太ももやお尻を内側にしめるときに使う筋肉だから。いずれも日常生活の中で、パッとは思い当たらない動きです。

太ももの前を刺激する動きを前の項で紹介しましたが、今度はつま先を前ではなく外に向けて。足をかかとから持ち上げてみましょう。

内ももに力が入って、きゅっと硬くしまるのがわかりましたか？

つまり、**つま先の向きによって、太ももの使われる部位が変わってくる**のです。

内ももの筋肉を使わなさすぎて、使っているという感覚がわからない人もいるかもしれません。寝る前に行えるおすすめバージョンをひとつ紹介しておきましょう。

布団にあおむけになり、つま先をできるだけ大きく開いて、かかととかかとをつけ

太もも内側をひきしめるポーズ

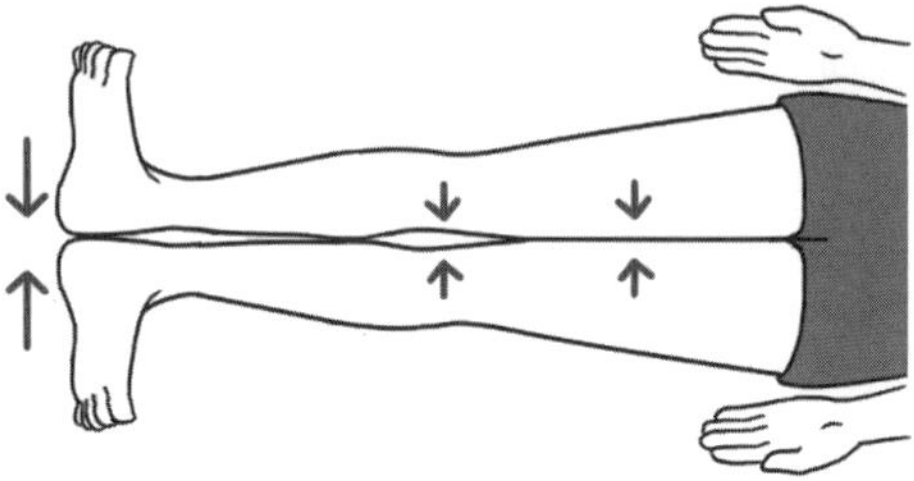

かかとをつけ、内もも同士で押し合うように
太ももを内側にしめつける

ます。

そうしたら、内もも同士で押し合うようにして、太ももをギューッと内側に向かってしめつけます。内ももの間に手を挟んだら、その手を両足でがしっと挟んで離さないように力を入れる感じです。

内ももの筋肉のコントロールがきいていないと、普段よく使っている太ももの前側ばかりが力んでしまう人がいますが、これはNG。

きかせたいところにしっかりと力を入れてしめましょう。

たるみをひきしめたい場合は10～30秒。そして、脂肪を落としたい人は長めに行います。

4日目 腰回りの悩み

おなかというより背中側、ウエスト周りからお尻にかけての腰回りをほっそりさせるには、どうしたらいいのでしょう。

腰回りは、おなかと同様に複数の筋肉が重なり合っていて、それらの筋肉が必要に応じて力を出し合っています。人のカラダは腰を曲げたり、そらしたり、回したり、ねじったりと、多様な動きができますが、生活が便利になったことで日常生活でそういった力を使う必要性が著しく減っているために、筋肉がたるんで衰えやすいのです。

ただ、実は、ねじるなどの「動作」を行わなくても、腰回りの筋肉はぎゅっとカラダを内側に絞ってしめることで使うことができるのです。

私が公開しているYouTubeの「1分ダイエット!」では、正しいおなかの凹ませ方などの動画を公開しています。わかりやすいと好評ですので、よかったら動画も確認してみてください。チャンネルの名前は「あとがき」の最後に掲載してあります。

ちなみに、おなかを少し凹ませているくらいだと動いてくるのはおへそ周りくらいで、大きく凹ませるとウエストや下腹、そして腰回りの筋肉が動員されてくるのです。

ここでは、腰回りを細くするのがテーマなので、おなかの凹ませ方を練習するのではなく、より近道をすべく、体重を負荷として利用したポーズを紹介します。

眠ってしまっているかのような筋肉に活を入れて、目を覚ましてもらいましょう。

これから紹介するポーズでは、おなかを凹ませてしめる力、お尻をしめる力、内ももをしめる力など、カラダの軸に向かってカラダをしめる力を総動員させます。近くの筋肉がきゅっとしまることで、使えていなかった筋肉が引っ張られて刺激されます。

腰回りといっても、人によって気になる部位が違うので、ご自分の気になる部位にしっかりときかせていきましょう。

腰回りを細くひきしめるポーズ

このポーズは、お布団の上で行うのはＯＫですが、ベッドは体が沈み込んでしまって行いにくいのでＮＧです。

体の側面を床につけ、エビぞるような形で横になります。最初は床に対してカラダをできるだけ垂直に立てておきます。片手は床で軽く支え、もう一方の手でご自分の気になっている腰回りに手をあてます（次ページ上イラスト）。

ここから、まずはおなかをぐっと凹ませてから、おなかを凹ませたまま、下半身を持ち上げます（次ページ下イラスト）。

高く持ち上げる必要はありません。**ご自分の下半身が人魚になったかのつもりで、足というよりもおなかを絞って腰から持ち上げるように意識しましょう。**

腰回りを細くするポーズ

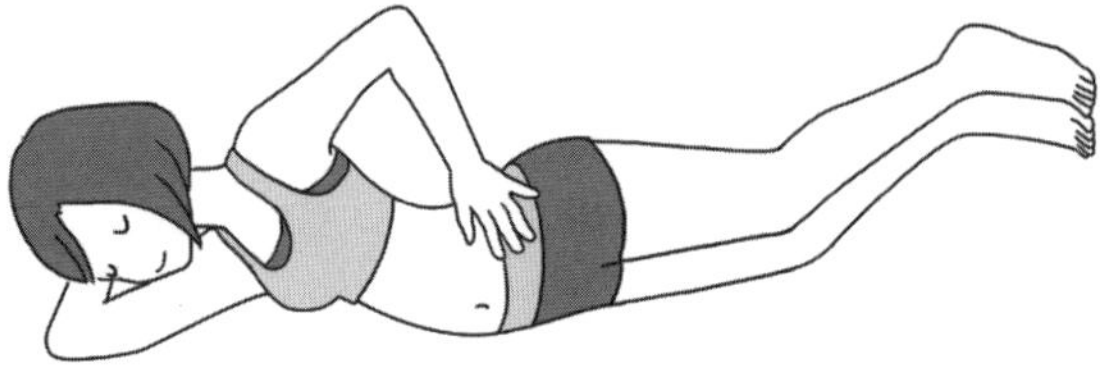

①体の側面を床につけ、エビぞるような形で横になる。カラダはできるだけ床に垂直に

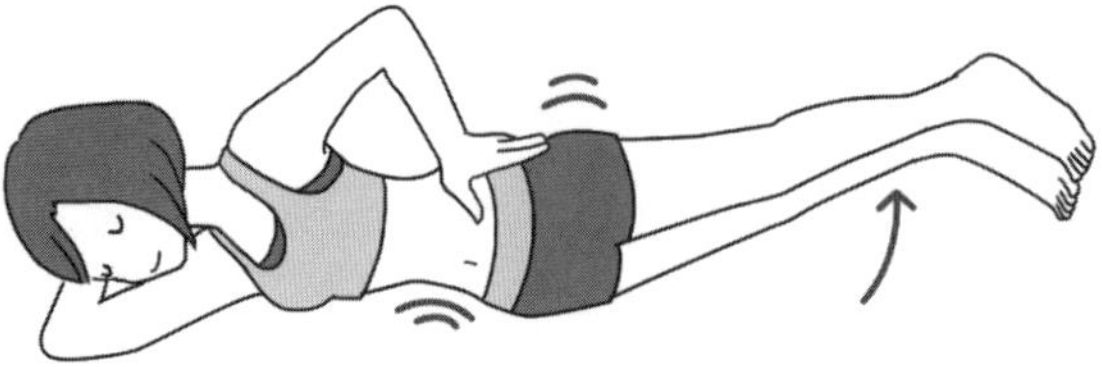

②おなかを絞って腰から上げるように、下半身を持ち上げる

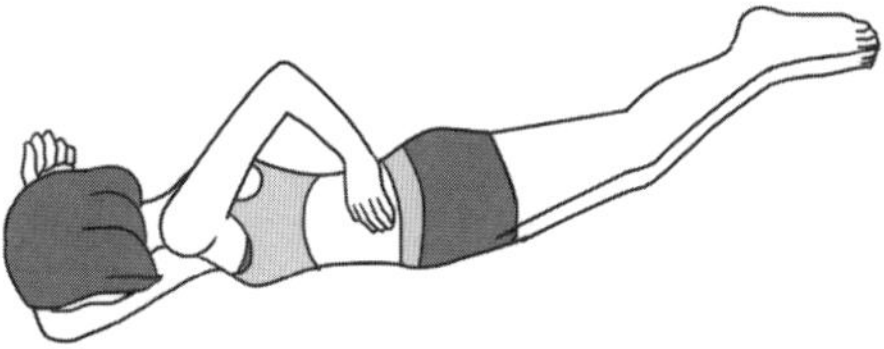

カラダの角度を変えることで、
きいている場所（硬くなっている
ところ）が変わってくる

さて、下半身を持ち上げたとき、ご自分の気になる部位は、力が入って硬くなったでしょうか。指でつつくと奥のほうで筋肉が硬くなっていれば、狙いのところにきいている、ということです。

「うーん？　ひきしめたいところがちっとも硬くなっていない」という場合は、体の向きを調整します。

たとえば、あなたの気になる部位が、背骨付近で腰の中央に近いところであれば、カラダを垂直に立てるのではなく、少しうつぶせに近い状態におなか側を床に近づけます（上イラスト）。

カラダの角度を変えることにより、使われてくる場所も変わってくるのがわかりました でしょうか。下半身を持ち上げて10〜30秒。片側だけでなく、反対側も行います（YouTubeの動画もあります）。

ともかくは、腰回りに力が入らないようだとひきしめることもできません。おなかを凹ませる力がないと、おなかが凹まないのと同じです。

このポーズで「腰回りをしめる」という感覚がつかめるようになったら、ポーズを長く行うのではなく、「6日目」に紹介する「下半身一本締めのポーズ」で意識的に腰回りをしめることで脂肪を燃やしていきましょう。

5日目　ふくらはぎ&足首の悩み

ふくらはぎと足首のお悩みですが、最初に言ってしまうと、**ふくらはぎや足首の**

脂肪を落として部分やせするのは、かなり難しいのが現実です。

なぜかというと、とくに遺伝の影響が大きいことに加え、ふくらはぎや足首は、日常生活で一番よく動かして使っている部位だから。よく使っているのについた脂肪は、落としにくいのです。

がっかりさせてしまったかもしれませんが、「せっかく努力しても報われない」ことのほうがずっと悲しいと思いまして、こういう話をしています。

「脂肪を落とす」「筋肉で形を変える」「むくみをとる」という下半身やせのアプローチを思い出してください。

ふくらはぎと足首を細くしたいのであれば、「むくみをとる」マッサージ系のケアを行うほうが手っ取り早く成果を感じられると思います。

むくみはしょせん水分とはいえ、ふくらはぎや足首は、カラダの一番下でもっともむくみやすい部位。むくみのケアをすることは、慢性的なむくみの予防や改善になりますし、疲れもとれるという意味でもおすすめなのです。

ふくらはぎを太くするエクササイズに要注意

足首を細くしたい人向けによく紹介されるもので、かかとを上げたりおろしたりするエクササイズがあります。これをまんま信じて、あまりがんばらないほうがよいでしょう。

なぜなら、このエクササイズについては、より正確に言うならば「足首の脂肪が減る」のではなく、**「ふくらはぎの位置が高く太くなることで、足首が細く見えるようになるエクササイズ」**だからです。

子持ちシシャモを、頭を上にして縦にした状態を思い浮かべてみてください。このエクササイズを行うことによって、卵の部分のふくらみが増すイメージです。

また、ふくらみの位置も少し引き上がる、という感じです。

このエクササイズは、ふくらはぎが太くなるので注意

ちなみに、私は「エアロビクスのインストラクターですか？」と聞かれたことがあり、なぜそう思うのか聞き返したら、「ふくらはぎがたくましいから」と言われて、たいそうショックを受けたことがあります。

　棒のような、昔のアニメで言うと「サリーちゃん」のようなひざ下の人の場合は、足にメリハリができてよいかもしれません。

「うん、それでいいわ！」という方は、「できるだけ高くつま先立ち！」です。

電車の中でも行いやすいと思いますが、つり革には必ずつかまっておきましょう。どうでしょうか、つま先立ちをすると、子持ちシシャモの卵部分にあたる筋肉がぎゅっと硬くなり、上に持ち上がるのがわかりましたか？

階段などの段差を利用して、かかとをおろすときにアキレス腱を伸ばすつもりでおろすと、多少、エクササイズとしての効果は上がります。また、**足首が柔らかくなりケガの予防にもよい**という面もあります。

ただ、いきなりがんばりすぎると、ふくらはぎがつることがありますので、気をつけてください。

ふくらはぎを太くせずに、根気よく足首を細くする

「ふくらはぎの子持ち部分が太くなるのは困る、でも、少しでも足首を細くし

たい」という人に、サイズダウンの即効性はなく、気長に取り組む必要がありますが、おすすめのポーズをひとつ紹介しておきます。

まず、両足を肩幅くらいでしゃがみます。

和式のお手洗いを使うときのようなスタイルです。そうしたら、両方の足のかかとをできるだけ高く上げて、つま先立ちの状態になります。背すじは伸ばして、おなかも凹ませます。足首を触ってみるときゅっとしまっているけれど、ふくらはぎはさほど硬くもなっていなければOKです（上イラスト）。

「見た目がちょっと……」ですので、

足首を細くするポーズ

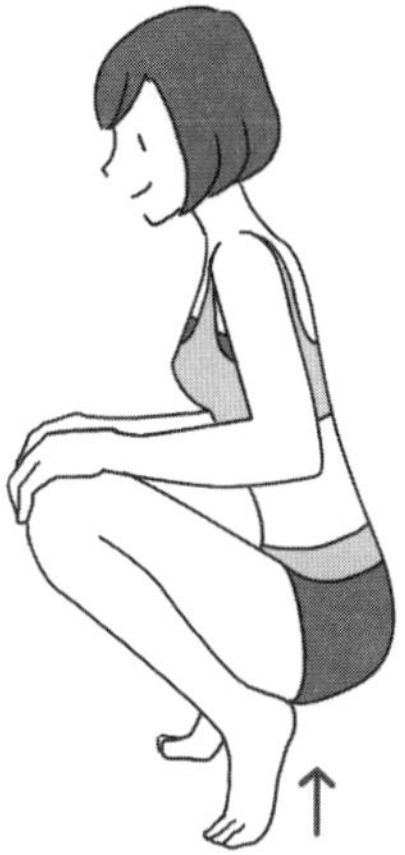

家で歯磨きするときとか、髪の毛を乾かすときなど、行いやすいタイミングを見つけて習慣にしてください。

ちなみに、ハイヒールやピンヒールをはくことも、はいているときに足首をほっそり見せるだけでなく、ふくらはぎの位置を高くするという意味では悪くない方法です。

ひとつ気をつけたいのが、やはり姿勢。高いヒールの靴をはきこなすには、上半身の筋力がそれなりに必要です。

いくらヒールの高い靴をはいても、美しい姿勢で立ち続けることができない場合は、体形をきれいにするどころか、カラダをゆがめたり、腰痛を起こすこともあります。

お心当たりのある人は、低めのヒールから慣れていくようにしましょう。

6日目　下半身全体をほっそりさせる

これまでお話ししてきたように、カラダは使ったなりに鍛えられもするし、使わないことで衰えもします。まったく使っていないというわけではなくても、使い方が甘いことで、結果としてしまりのないカラダになっていってしまいます。

そこで、**とてもシンプルで生活の中に取り入れやすい「下半身一本締め」のポーズ**を紹介します。

下半身の形をよくするという意味では、ＰＰＣポーズのほうが効果は上ですが、やっぱり脂肪を落としたいという人には、「下半身一本締めのポーズ」がおすすめです。

早速ですが、行ってみましょう。

基本の姿勢を思い出し、背すじを伸ばして軽く肩を引き、おなかをぐっと凹ませます。近くに壁があれば壁を使うとベターです。

いまは上半身を意識的に使っている状態ですが、これから、この上半身を軸というか土台にして、カラダ全体を一本の硬い棒のように内側に向かってしめていきます。

注意点がひとつだけ。カラダのどこをしめようと、姿勢が崩れてしまうということがないように気をつけます。

下半身一本締めのポーズ

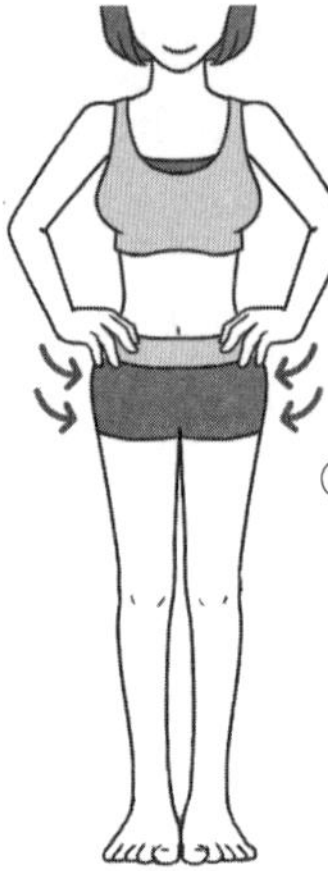
①お尻をぎゅーっと内側にしめたまま、下腹を凹ませる

ではまずは、左右2つのお尻をひとつにするように、お尻にぎゅーーっと力を入れ内側にしめましょう。

お尻がしっかり動いたでしょうか。

次に、お尻はしめたまま、さらに下腹を凹ませます。

お尻と下腹と両方をしめている状態ですから、骨盤周りをぎゅっとしめつけている状態になります。

それでは次に、太ももです。

左右2本の太ももを1本にするつもりで内側にぎゅーーっとしめます。

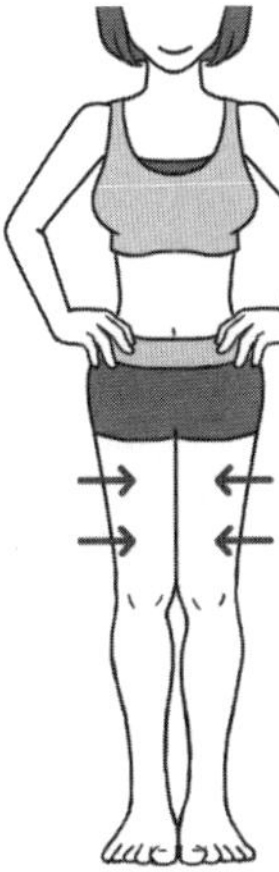
②左右２本の太ももを
１本にするようなつ
もりで内側にしめる

この、内側に向かってしめるという力の使い方は162ページで紹介した内ももにきかせるポーズと同じですが、ここでは足全体を使ってしめつけます。

それでは最後に、ふくらはぎとふくらはぎを近づけましょう。

たんにふくらはぎ同士を近づけるのではなく、骨盤周りから絞って、太ももも絞って、そして最後にふくらはぎの間の隙間をなくすように力を入れます（次ページイラスト）。

ふくらはぎを近づけようとして、ひざ

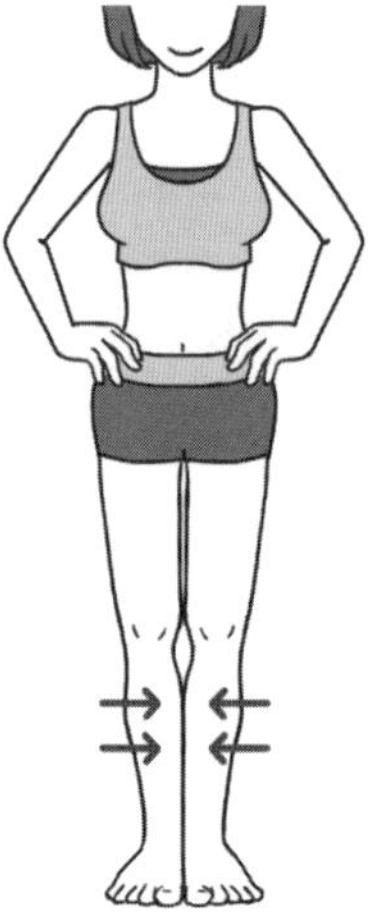

③骨盤周りから絞り、太ももも絞って、ふくらはぎの間の隙間をなくすようにする

が内股にならないよう注意してください。

この筋肉の使い方は、O脚の改善にも効果的です。

私はこのポーズで、「ひざとひざが一瞬でもつくなんてありえない」ぐらいのひどいO脚が、人並みの足になりました。**老人性のO脚の予防にもよい**ので、O脚傾向のある方は、いまのうちから積極的に行うとよいと思います。

信号待ち、エレベーターの中では、できるだけ強く強く力を入れて。電車の中や人待ちをしているときには、長めに行いましょう。こまめに行うこと、長めに行うことで、脂肪を少しずつ燃やしていきます。

この**下半身一本締めのポーズは、尿漏れの予防や改善にもおすすめ**です。

尿漏れ対策の骨盤底筋群の体操はあおむけで行うものが多いのですが、日常生活は立っているので、立った状態でしめる力を鍛えるほうが実際的だと思います。

尿漏れの予防や改善を目的に行う場合は、おしっこを途中で止める感じで尿道をきゅっとしめます。尿道というとわかりにくいようでしたら、膣《ちつ》をしめるように意識してみてください。またもマニアックに聞こえるかもしれませんが、下腹を凹ませるのと膣をしめるのでは筋肉の使い方が違います。どうでしょう？　使い分けられそうですか？

下半身一本締めのポーズのよいところは、下半身を内側に絞るとき、とくに自分の気になるところを一番に意識しながらしめることができる点です。

ご自分の一番のテーマがお尻なのか、下腹なのか、太もも前側なのか、内ももなのか、O脚改善なのか。下半身全体をしめているのだけれど、ご自分の気になるところを中心に全体をしめるとよいのです。暖かい季節に行うと汗が噴き出てくるくらいですし、真冬ではカラダがポカポカとして、まさに代謝が上がっている感覚を実感できます。

慣れてしまえばいつでもどこでもできます。下半身一本締めのポーズをこまめに行うことで、下半身のしまりがよくなり、続ければ下半身をほっそりさせることができます。姿勢がよくなるだけでなく、ご自分の理想の下半身に確実に近づくこと請け合いです。

ご自分の目的に合った筋肉の使い方ができるように、一番しめたい場所を意識しながらの下半身一本締めのポーズをぜひ習慣になさってください。

７日目 カラダのゆがみやクセをリセット

「しめる」「ゆるめる」でカラダは若返る

本書では、「しめる力」で下半身やせする手法を紹介してきました。
「自分のカラダなのに、どうやったら力が入るのかわからない」という方もおられるかもしれませんが、どうか焦ることなく、ご自分のカラダと向き合うことを楽しんでください。

子どもが習い始めのピアノの鍵盤をぎこちなくたたいていたのが、いつのまにか、見事な指さばきができるようになっていくときのような喜びを、これからご自分のカラダで感じていただけると思います。

自分のカラダは本来、自分の思うとおりに使い、動かすことができる。それをあらためて感じていただくために、**最後に紹介したいのは「ゆるめる力」です。**

なぜゆるめることも大事かというと、あなたの筋肉のコントロールがよくないのは、妙なところに力が入って硬くなっているからかもしれないからです。

とくに、思うように「しめる」ことができない方や、姿勢のクセが強いのかも……という方は、ぜひお試しになってみてください。

「ゆるめる」ためにおすすめなのは、「ゆらす」という動作です。

ご自分のカラダをコンニャクのようにイメージし、コンニャクをゆらすようにカラダをゆらします。大きくゆったりゆらすか、少し小刻みに早めにゆらすかの正解はありません。力まずに、ご自分が心地よいと感じるようにゆらすことが大切です。

ゆらすことで筋肉のコントロールがよくなるだけでなく、こりや疲れがとれるというメリットがあります。疲れやすい場所は、「ゆらす」動きを積極的に取り入れることをおすすめします。しめっぱなしでは疲れがたまってしまうし、ゆるみっぱなしだと筋力は衰えてしまいます。「しめる」に「ゆるめる」をうまく取り入れてください。

カラダのゆがみや疲れをリセットするカラダゆらし

あおむけになります。

まずは、両手を軽く持ち上げ、手首も腕もゆさゆさとゆすります。

10秒以上を目安に、疲れを感じる前に、すとんとおろします（**カラダゆらし①**。次ページイラスト）。

おろしたときに、すーっと血の巡りが感じられるでしょう。

気持ちよければ、何回か繰り返します。


次に、肩を横にゆらゆらとゆらします。

子どもがいやいやをするような感じです（**カラダゆらし②**。185ページイラスト）。

肩だけでなく、胸をゆらしたり、肩甲骨もゆらすようにしてみましょう。

「もう少しゆらしていたいかな」というところでいったん止めます。

カラダゆらし①〈手〉

手首と腕をゆさゆさとゆらし、
疲れを感じる手前でおろす

肩回りがすっきりする感覚を味わえたでしょうか。

気持ちよければ、何回か繰り返します。

次は、腰を横にゆらしてみます。

尾てい骨を床にこすりつけるような感じです（**カラダゆらし③**。186ページイラスト）。もし腰に痛みを感じる場合は、やめておきましょう。

もう少しゆらしていたいかな、というところでいったん止めます。

下半身への血の巡りがよくなったことを感じることができたでしょうか。

カラダゆらし②〈肩〉

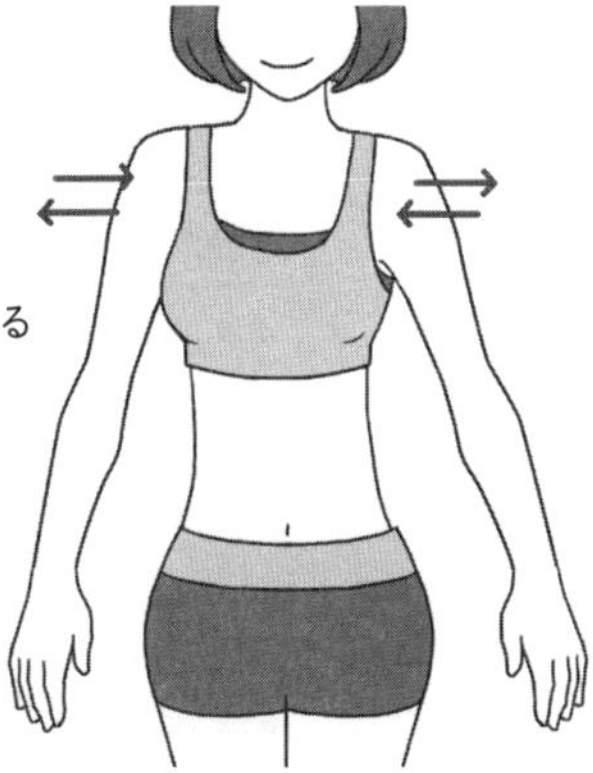

気持ちよければ、何回か繰り返します。

では、左足を左右に回転するようにゆすってみます（**カラダゆらし④**。187ページイラスト）。

もう少しゆらしていたいかな、というところでいったん止めます。

ゆらしていない右足に比べて、ゆらした左足がすっきり軽くなったことを感じられたでしょうか。

同じように右足をゆらしてみましょう。

最後に、ゆらし終わった足を今度は持

カラダゆらし③〈腰〉

尾てい骨を床にこすりつけるように腰を左右にゆらす

ち上げて、上でぶるぶるとゆすってみましょう（**カラダゆらし⑤**）。

両足いっぺんに行っても、片足ずつでも、どちらでもかまいません。

もう少しゆらしていたいかな、というところで一気に足をおろします。

下半身の血の巡りがよくなるのを感じられるでしょう。

気持ちよければ、何回か繰り返します。

さて、ひととおりご案内しましたが、ゆらしにくいところはありませんでしたか？

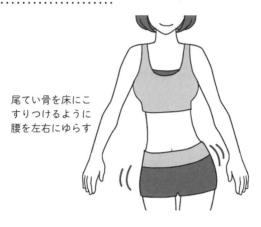

カラダゆらし④〈足下げ〉

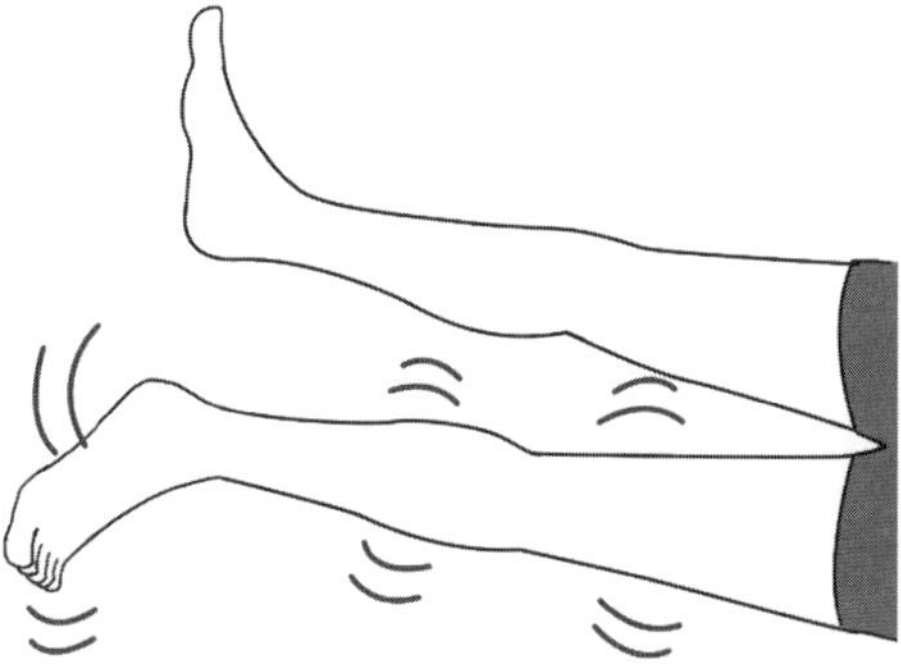

つま先を中へ外へと振るようにゆらす

カラダゆらし⑤〈足上げ〉

足を上げて、上でゆする。
両足でも片足ずつでも

毎回、全身をくまなくゆらさなくてはいけないわけではなく、**「どうも動かしにくいと感じるところ」、または「気持ちがいいところを、気持ちいいだけゆらす」**のでもよいのです。下半身のむくみが気になる人も、ぜひ積極的に取り入れてみてください。

しめる力もゆるめる動きも大切として、**しめる力を使っていないと、体形が崩れるだけでなく、腰やひざにも負担がかかります。**

しめたり、ゆるめたり。何歳になっても、ご自身のおカラダを賢くコントロールして、より若々しいカラダを手に入れてください。

あとがき

宝島社の私の前著『植森式 大人のお腹やせ 1週間ダイエットドローイン』は、生協さんの中で大ヒットになったと聞いて、ありがたいと思いつつも、生協さんでなぜそんなに売れたのか、わからずにいました。

それが、つい先日、某女性誌のライターさんが、

「実は私、岩手の出身なんですけど、母は岩手の生協に勤めているんですよ。先生の本、実は母からすすめられまして」と。

聞けば、その方のお母さまは68歳。『大人のお腹やせ』を買って実践して、おなかからほっそりと6キロもやせたのだそうです。

ライターさんいわく、田舎の生協というのはコミュニティとして機能しているので、やらせではない生きた口コミが伝搬しやすく、「これはいい」というものがあると、じわじわと確実に広がっていくとのことでした。

それで、『大人のお腹やせ』が生協特有の売れ方をしたという話を教えていただき、本当にうれしくなりました。

伝えたかったことが伝わったというのは、まさに至福の喜びでプライスレスです。

私は、よく著書の中で「無理しないほうがいい」と言うので、優しいと思われることがあるのですが、実は優しさから言っているのではなく、3つ理由があります。

ひとつめは、「無理をしなくても、十分な結果を出すことが可能」だから。

2つめは、「無理をすると結局は続かない、つまり効果が水の泡になってしまう」から。

そして、3つめは、「無理をしてカラダを痛めると後が大変」だからです。

本書では、効果的なだけでなく、**続けやすさと安全性に配慮して、下半身やせのノウハウを紹介してきました。**

ご質問やご不安な点などありましたら、私のホームページのお問い合わせコーナーよりどうぞ。できるかぎり、お答えさせていただきます。
また、著書の情報を補足する形でＹｏｕＴｕｂｅでの動画配信も行っています。
愛犬とともに楽しく紹介していますので、よかったら、遊びにいらしてください。

◆著者ホームページ
http://www.mio-u.net

◆YouTubeチャンネル
「Health Channel MIO&KUU」
↑
Yahoo!またはYouTubeの検索窓に
「MIO&KUU」と入力

植森美緒（うえもり・みお）
1965年生まれ。健康運動指導士。身長163cm、体重46kg、ウエスト58cm。最大体重60kgから14kg減量した体型を50代となったいまも維持。ダイエットに失敗し続けた10代〜20代の10年間の経験から、日常生活の中で無理なく行えて、リバウンドもしないドローインメソッドを確立し、自らも実践している。
カルチャースクール、専門学校、健康保険組合、整形外科、自治体など、さまざまな場所でメタボ改善等のセミナーを行い、のべ3万人以上を指導。その場でサイズダウンする講習会が人気。テレビ、雑誌等にも多数出演。
著書に『腹だけ痩せる技術』(KADOKAWA／メディアファクトリー)、『世界一簡単な「くびれ」の作り方』(PHP研究所)、『植森式 大人のお腹やせ 1週間ダイエットドローイン』(宝島社)ほか多数。

下半身だけ即やせる
1日1分 植森式PPCメソッド

2017年 3月13日 第1刷発行
2023年 8月24日 第11刷発行

著　者　植森美緒
発行人　蓮見清一
発行所　株式会社宝島社
〒102-8388
東京都千代田区一番町25番地
電話（編集）03-3239-0927
（営業）03-3234-4621
https://tkj.jp

印刷・製本　サンケイ総合印刷株式会社

ISBN978-4-8002-6577-7